厦门口述历史丛书 17　　厦门城市职业学院云顶出版计划

主　编　陈仲义

■　郑启五　口述

■　章长城　整理

失明的教授

我的父亲郑道传

厦门大学出版社

国家一级出版社

全国百佳图书出版单位

图书在版编目（CIP）数据

失明的教授：我的父亲郑道传 / 郑启五口述；章长城整理. -- 厦门：厦门大学出版社，2024. 12.

（厦门口述历史丛书）. -- ISBN 978-7-5615-9669-2

Ⅰ. K825.46

中国国家版本馆 CIP 数据核字第 2025MV6119 号

责任编辑　章木良

责任校对　杨木梅

美术编辑　张雨秋

技术编辑　朱　楷

出版发行　厦门大学出版社

社　　址　厦门市软件园二期望海路 39 号

邮政编码　361008

总　　机　0592-2181111　0592-2181406(传真)

营销中心　0592-2184458　0592-2181365

网　　址　http://www.xmupress.com

邮　　箱　xmup@xmupress.com

印　　刷　厦门集大印刷有限公司

开本　889 mm×1 194 mm　1/32

印张　6.75

插页　5

字数　200 千字

版次　2024 年 12 月第 1 版

印次　2024 年 12 月第 1 次印刷

定价　58.00 元

本书如有印装质量问题请直接寄承印厂调换

厦门大学出版社
微信二维码

厦门大学出版社
微博二维码

1991 年郑道传赴京出席全国"自强模范"大会

1949 年王亚南赠书祝贺郑道传、陈兆璋新婚

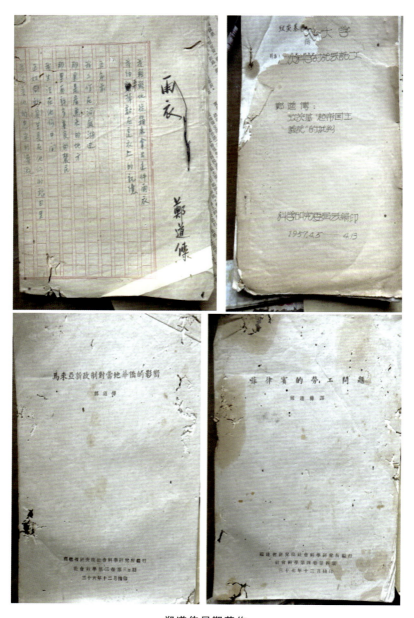

郑道传早期著作

20 世纪 80 年代郑道传摸索着备课

1988 年郑道传、陈兆璋和他们的研究生

《资本论》专题研究丛书

《资本论》方法论研究

郑道传　张晓金　著

厦门大学出版社

郑道传、张晓金合著《〈资本论〉方法论研究》

1994 年郑道传赴京参加残疾人大会

前排左二为邓朴方，左四为郑道传

1998 年郑道传、陈兆璋夫妇在厦门大学敬贤一寓所的阳台

1985 年郑道传一家在厦门寓所的全家福

郑道传、陈兆璋夫妇在长汀厦大读书时的箱子

总序一

因城而生　跨界融合

唐　宁

　　历史如浩瀚烟海,古今兴替,尽揽其间。鹭岛厦门在千年史籍里沧桑起伏,远古时为白鹭栖所,先秦时属百越之地,而后区划辗转由同安县至南安县至泉州府,又至嘉禾里、中左所、思明州,道光年间正式开埠,光绪年间鼓浪屿成"万国租界"。1949 年 9 月,厦门始为福建省辖市,逢今正与新中国同庆七十华诞。

　　七十年风云巨变,改革开放后,厦门始终走在发展的前列。厦门的经济建设者和文化传承者在这片热土上播洒了无数血汗,书写了特区建设可歌可泣的恢宏篇章,他们的事迹镌刻在厦门历史的丰碑之上。在有册可循的文字记载之外,尚有不少重要的人与事如沧海遗珠,未及缀补。

　　借此,厦门城市职业学院秉持"因城而生,为市则活"的办学信念,不仅通过专业建设主动对接厦门现代产业体系的需求,为厦门经济建设输送大量高素质技术技能人才,同时也通过多样性文化研究平台的建设,主动担当传承厦门优秀文化的使命。其中,由本校陈仲义教授领衔,汇聚校内英才、兼纳厦门名士,成立的"厦门口

1

述历史研究中心"，多年来致力于借助口述历史的形式，采集、整理那些即将消失的厦门城市记忆和历史"声音"，成就了一批如"厦门口述历史丛书"这样的重要成果。

卡尔·雅斯贝斯(Karl Jaspers)说："对人们而言，历史是回忆，因为人们曾从那里生活过来，对那些历史的回忆便构成了人们自身的基本成分"，"人生而有涯，只能通过时代的变迁才能领悟到永恒，因此只有研究历史才是达到永恒的唯一途径"。从这个意义上看，口述历史正是文字历史的补充，二者融合可以实现对文字历史的"补缺、参错、续无"之功。

厦门城市职业学院跨界组建口述历史研究团队，在对厦门城市历史的修撰补充中，通过跨界与融合，使厦门经济建设与文化传承的脉络更加清晰，使人们对过去时代的领悟更加深刻，从而使未来的发展更加稳健。陈寅恪先生说："在史中求史识。"而历史的叙写过程何尝不亦为史识的求证过程？历史告诉我们，发展才是硬道理；历史的叙写过程告诉我们，跨界、融合，才是通向卓越发展的道路。这正契合了厦门城市职业学院的办学理念：育人为本，跨界融合，服务需求，追求卓越！

陈仲义同志是与厦门城市职业学院一起成长的专家、教授，长期以来笔耕不辍，著作等身，受人景仰，在中国诗歌评论领域建树丰硕。祝愿他带领的新的团队，为厦门地方文化建设，踔厉奋发，再续前页。

2019 年 8 月

总序二

盾构在隧道里缓缓推进

陈仲义

2015年暑期,我奉命筹建厦门口述历史研究中心。该中心定位于承传厦门本土文化遗产,"口述"珍贵的人文历史记忆,涉及厦门名门望族、特区建设人才、侨界精英、闽南非物质文化遗产,以及原住民、老知青、老街区等题材的采集、整理、研究工作。

我原以为组织一干人马,并非什么难事:物色人选,遴选题材,规范体例,包干到户,如此等等,便可点火升帆。然而,一进轨道,方知险情叵测。这些年来,"双建"(建设国家级示范性院校、省级文明院校)目标之重如大山压顶,团队成员几近分身无术、疲于奔命。先后有三位骨干因教学、家庭问题退出,项目一时风雨飘摇。面对变故,我们也只好报以微笑、宽容、"理解之同情",调整策略,放缓速度,增补兵源。

开工之后,"事故"依然不断:明明笃定选中的题材,因事主"反悔",说服无效而眼睁睁地看着泡汤;顺风顺水进行到一半,因涉及家族隐私、成员说法分歧等问题,差点夭折;时不时碰上绕不过去的"空白"节点,非填补不可,但采撷多日,颗粒无收,只好眼巴巴地任其在那儿搁浅，"坐以待毙"；碰上重复而重要的素材不想放弃，只能在角度、语料、照片上做大幅度调整、删减，枉费不少工夫；原本以为是个"富矿"，开采下去，却愈见贫瘠，最后不得不在尴尬中选择终止……诸如此类的困扰大大拖了后腿。好在团队成员初心不变，辑志协力，按既定目标，深一脚浅一脚缓缓而行。

团队从原来7人发展到10多人。校内10人来自中文、社会、旅游、轨道交通等专业及图书馆、办公室等部门。除本人外，皆清一色"70后""80后"，正值"当打之年"。校外7人，分属7个单位，基本上属古稀花甲。如此"忘年交"配对，没有出现"代沟"，反倒成了本团队的一个特色。

团队阵容尚属"可观"：正高2位、副高8位、讲师2位，其中硕士4位、博士3位。梯队结构合理，科研氛围融洽。特别是校外成员，面对经费有限，仍不计报酬，甘于奉献。

在学院领导的关怀和大力支持下，丛书终于初见规模。作为中心责任人，我在选题挖掘、人员组织、关系协调、难题处理方面，虽倾心尽力，但才疏智浅，不尽如人意。如果丛书能够产生一点影响，那是团队成员群策群力的结果；如果出现明显的纰漏不足，实在是个人短板所致！

阅读丛书，恍若穿梭于担水巷、曾姑娘巷、八卦埕，在烟熏火燎的骑楼，喝一碗"古早茶"，再带上两个韭菜盒回家；从阁楼的樟木箱翻晒褪色的对襟马褂，猛然间抖出残缺一角的"侨批"，勾连起南洋群岛的椰风蕉雨；提线木偶、漆线雕，连同深巷里飘出来的南音，乃至一句"天乌乌，袂落雨"的童谣，亦能从根子上触摸揉皱的心扉，抚平生活的艰辛；那些絮絮叨叨、缺牙漏嘴的个人"活捞事"，如同夜航中的小舢板，歪歪斜斜沿九龙江划到入海口。我们捡拾陈年旧事，将碎片拼缀、缝补，还原为某些令人嘘唏的真相，感受人性的光辉与弱点；也在接踵而来的跨海大桥、海底隧道、空中走廊的立体推进中,深切认识历史拐点、岁月沧桑、人心剧变如何在时代的潮涌中锻造个人的脊梁。

历史叙述,特别是宏大的历史叙述,随着主要亲历者、见证者离去,"隔代遗传"所带来的"衰减"日渐明显。而今,历史开始从主流、中心、精英叙事转向边际、凡俗。新地带的开垦,将迎来千千万万普通民众汇入的"小叙事"。日常、细节、互动,所集结的丰富性将填补主流人类学、历史学、社会学、地方志的"库藏",因应出现"人人来做口述史"(唐纳德•里奇)的提倡,绝非空穴来风,而具深远意义。

口述形式,有别于严丝合缝的文献史料,也有别于步步推进的考辨理据;亲切、在场、口语化、可读性强,可能更易迎合受众,这也是它得以存在且方兴未艾的原因。怎样进一步维护其属性、增添其特性光彩呢?口述历史不到百年寿龄,其理论与实践存在诸多争论与分歧。作为基层团队,多数成员也非训练有素的史学出身,但凭着热情、毅力,凭着对原乡本土一份挚爱,"摸着石头过河",应该可以很快上岸。

表面上看,口述历史难度系数不大,大抵是一头讲述,一头记录。殊不知平静的湖面下藏有深渊。它其实是记忆与遗忘、精准与模糊、本然与"矫饰"、真相与"虚构"、本能与防御、认同与质疑,在"史实"与"变形"间的悄然较量,其间夹杂多少明察与暗访、反思与矫正,不入其里,焉知冷暖?

"口述性"改变了纯文献资料的唯一途径,但没有改变的依然是真实——口述史的生命。初出茅庐,许多规范尚在摸索阶段,但总体而言,第一步基本上应做到"如实照录",亦即《汉书》所褒赞司马迁的"其文直,其事核,不虚美,不隐恶"的实录精神,而要彻底做到这一点很不容易。不仅要做到,接下来还要互证(比较、分析),规避口述者易犯的啰唆重复、拖泥带水、到哪算哪的游击作风;而整理者的深入甄别、注释说明、旁证辅助、文献化解、在场还原、方言转换,尤其是带领学生社会实践的参与度,仍有很大的提升空间。

厦门历史文化,比起华夏九州、中原大地,确乎存在不够悠久丰厚之嫌,但与之相伴的闽南文化、华侨文化、嘉庚精神,连同入选国家级非遗名录的歌仔戏、高甲戏、南音、答嘴鼓、讲古等,各有厚植,不容小觑。中心刚刚起步,经验不足,稚嫩脆弱,许多资源有待开发,许多题材有待拓展,许多人脉有待联络,许多精英有待挖掘。如果再不努力"抢救",就有愧于时代与后人了。

其实,厦门出版的地方历史文化图书还是蛮多的,大到盛世书院,小至民居红砖,成套的、散装的,触目可及。但面对拥挤而易重复的题材,何以在现有基础上,深入腹地,秤量而出?面对长年养成的惯性思路,何以在口述语体的风味里,力戒浅率而具沉淀之重?

编委会明白自身的长短,与其全面铺开战线,毋宁做重点突进,遂逐渐把力量集中在四个面向:百年鼓浪屿、半世纪特区、国家级非遗项目、"老三届"群体。希望在这些方面多加钻探,有所斩获。

无须钦慕鸿门高院,关键是找好自身的属地。开发历史小叙事、强化感性细部、力戒一般化访谈、提升简单化语料,咀嚼馨欷间的每一笔每一画。罗盘一经锁定,就义无反顾走到底,积跬步而不惮千里之远,滴水穿石,绳锯木断,一切贵在坚持。愿与各位同道一起,继续铢积寸累,困知勉行。

最近刚刚入住东渡狐尾山下,正值二号地铁线施工。40米深的海底隧道,隐隐传来盾构声,盾构以平均每小时一米的速度推进着,与地面轰鸣的搅拌机相唱和。俯瞰窗外白炽的工地和半掩的入口处,我常常想:什么时候,它还会碰上礁岩、滑沙、塌陷和倏然涌冒出来的地下水?失眠的夜晚,心里总是默数着:一米、一米、再一米……

2019 年 4 月

目 录

第一章

湖湘与八闽：我的父系母系家族

一、我的父系家族

我父亲郑道传是一个非常重事业的人,给我一种"学霸"的感觉。他出生在湖南衡阳一个店员的家庭里,我爷爷叫郑子庄,是一个店员。爷爷对我父亲的希望是长大后成为他的接班人,继续开个小店。奶奶李先菊,名字起得很好,挺有知识分子的感觉。她的家庭背景我不是很清楚,她大概没有读过书。

1950 年郑子庄、李先菊合影

爷爷送我父亲读私塾主要是为了认些字,算个账什么的,以珠算为重。父亲不太愿意,但还是勉强地去了。后来,他在读小学的时候碰到一位很好的老师。这位老师很器重他,所以他就慢慢变成好学生了。

1962 年父亲在湖南老家与亲人合影

前排左起:姑丈张本生、父亲郑道传、二叔郑道楠

后排左起:姑姑郑道英、大叔郑道楷、三叔郑道梁、二婶曾涤清

父亲是老大,生于 1919 年,他有三个弟弟、1 个妹妹。我母亲也是老大,外公外婆育有三男三女,6 个子女。因为母亲是长女,父亲是长子,所以我们这种家庭,家长式的氛围就比较浓厚。他们给我的感觉就是早早地就把家庭的重担担负起来。每到领工资那一天,我就看到母亲拿着两张汇款单去邮局汇款,父亲的湖南家里10 块,母亲的福州家里 10 块。每个月 5 号固定的,不管雷打电闪都是这样,所以我印象非常深。

一年里面会有两个月是寄 15 块,当时 15 块是很多的,一个月七八块钱就可以养活一个人。在厦大这个环境里面,我们家人对钱的欲望都不是那么强烈。我们虽然不是很富有,但是衣食无忧。我母亲月工资 133 元,父亲每月 188 元,算是工资高的。

送我父亲一个人出来上大学读书,爷爷就已经很拮据了,所以其他弟弟妹妹都没有如此福分,只能留在衡阳。我祖父母认为,长子一定要好好读书,才能带动几个弟妹撑起家庭。我听奶奶说她和爷爷就带着我父亲之外的 4 个子女,在长沙的一个大桥头卖茶水为生,把这几个孩子拉扯大,所以生活是很苦的。

1934 年郑道传在湖南衡阳读初中时留影

我爷爷是否读了一些书,至今我搞不清楚,他大概就是粗通一些账目的计算吧。记得爷爷传给我父亲,后来我父亲又传给我的是一个砚台。砚台款式很老,用一个檀香木的盒子装着,我现在还保存着。爷爷 1954 年就去世了,当时我 2 岁。因为父母一直给爷爷老家那边汇款,所以我感觉湖南老家的人还在。这就是故乡给我的感觉。

我父亲在湖南衡阳一家私塾读了三年,然后就进入小学读书。这所小学有一个很美的名称,叫"陶淑小学"。1962 年我第一次回湖南老家的时候,父亲曾带着我去找他小学的一个女同学。女同学的丈夫刚过世,她的家庭生活很困难。我们在她家吃了一碗素面,然后父亲给了她 10 块钱。我父亲是一个很重感情的人,但是如果你不去吃碗面,直接给人家钱,好像也不太妥当。

父亲读了三年私塾,所以他小学是从四年级读起的。由于碰到一个好老师欣赏他,他就奋发读书,以衡阳第二名的成绩考上了长沙一中——当时的"湖南高级中学",朱镕基总理也是那所学校毕业的。我还去看过一次,大概是1997年我去长沙开会的时候。我也到毛主席读的长沙师范看过。长沙师范维持着当年的建筑风格,毛主席冲澡的那口井还在。

1938年郑道传就读高中时与同学合影

左一为郑道传

我记得父亲有一张读高中时候的照片,上面有很多穿着军装的年轻人。他说那是他们高三时候军训照的,当时叫"民训",是为了抗日准备的。他那个时候还是很相信蒋介石的,得知蒋介石在西安被抓,他是痛哭流涕的。

父亲在高中时成绩非常好,已经开始写文章在报刊上发表,拿稿费了。他应该算是个文学青年,高考时考的是厦门大学中文系。不过,第二年他就转到经济系去了。但是即便转到经济系,他还是会写诗歌啊什么的,写得非常多,新诗、旧诗、随笔等都有。父亲后来被打成"右派"，在"交罪"的时候，开始回忆起他曾经在哪个杂志发表什么文章的时候，是带着一种喜悦的心情的。因为他觉得他憋得很久的文学上的成就感，终于可以通过"交罪材料"来得以体现。

考入厦大是 1940 年，本来应该是 1939 年，但由于参加民训，多待了一年。所以他比我母亲大 4 岁，但实际上只高了 2 个年级。

1944 年厦大同学在长汀留影

前排左三为郑道传

父亲 1939 年参加民训的时候，是准备当兵抗战的，后来政策有变，改为参加大学入学考试。他读高中时由于传播激进思想，差点被开除。他有过多次这种行为，比如在厦大读书时，给宋美龄写过大字报。

父亲高中就离开家了，但他对家人感情非常深。他的大弟弟叫郑道楷，二弟叫郑道楠，妹妹叫郑道英，三弟叫郑道梁，都是

"道"字辈。1970年,大叔道楷在路边行走的时候,被驻军的一部军用卡车意外撞死。我母亲得到这个消息后不敢告诉我父亲,怕他受不了。那时,父亲已经失明,所以我们要隐瞒也比较容易。1971年,我陪父亲去广东湛江,那边有家医院说可以用针灸治疗眼睛。但是那里的病人被扎得青一块紫一块的,就是没有一个被真正治好的。我们去湛江的医院要经过衡阳,就顺便去看望奶奶,结果道楷叔叔去世这件事就瞒不住了。我母亲交代我,快到衡阳的时候,就把道楷叔叔走了的事情告诉父亲,免得见到奶奶的时候得知这个消息太突然。知道噩耗后,父亲在火车上一直流眼泪。来火车站接我们的恰好是道楷叔叔的大儿子启明(我们这一辈都是"启"字辈),我父亲抱着启明差点昏过去。到家后,父亲反复交代他的侄子们要照顾好奶奶。

1951年郑道传的母亲李先菊、三弟郑道梁、大侄女郑启仪合影

1952 年家人合影

前排左起：郑道传、郑启仪、郑道楷

后排左起：郑道楠、曾涤清、郑道梁

那个时候交通不便，从厦门到湖南一趟是非常难的事情。我奶奶虽是个缠过脚的小脚女人，但还承受着劳动妇女的巨大劳动量，是一个很能干的人。她很高寿，一直是我三叔道梁照顾的，照顾得很好。她后来还是摔了一跤过世的，本来也许可以活得更久。叔叔为此很自责。

说到 1962 年回湖南，那是我们全家第一次，也是唯一一次一起回去。台湾当局那个时候叫嚣着"反攻大陆"，厦门作为海防前线需要疏散。我父亲已经被划为"右派"了，按当时的理解应该是跟蒋介石"同流合污"了，所以就把我们作为特殊对象疏散到内地去。

我们正好借着疏散的机会回湖南老家，前后大概两个月。1962 年的夏天非常热，我的感觉是湖南比厦门热多了。那也是我人生第一次坐火车，坐了好久，而且坐的是货运列车，那时候客车座位很紧张。因为货运列车没办法停在鹰潭站，所以我们多走了两三公里，再折回来到鹰潭站转车。

到了老家,我们就跟奶奶一起吃住,奶奶做饭很好吃。我记得父亲还跟母亲评功摆好,说:"你看看,就交了几十块,吃得这么好。"意思就是说没有奶奶是不行的。

那次回湖南是在夏天,门口的树上有很多金龟子和知了。当时我还觉得奇怪,厦门的小孩会玩金龟子,怎么湖南的小孩不玩?在厦门大街小巷,很多小孩会抓金龟子,用绳子绑着它飞呀飞,非常好玩。

我们住在一座楼里面,记得是和平南路6号,边上是一个电影院,我们小孩子可以翻墙过去看电影。还记得看了一部英国彩色电影,叫作《巴格达窃贼》,是根据《天方夜谭》拍的童话故事片,非常好看。

虽说衡阳也是一个城市,但是每天早晨会有很多农民挑担进城,用青菜来跟你换粪便,所以马桶不能随便倒掉。农民会把换来的粪便拿去当肥料。

我有一个绝活,把我的堂兄弟们给吓住了,那就是抓青蛙。我在厦大校园的农田里学会了抓青蛙。老家的青蛙更多,但是一般城市人不买,因为他们不会处理青蛙。但是我会啊,我把青蛙肚子钩破,把青蛙皮整个撕下来,清洗干净后切块,然后用蒜头爆炒,非常好吃。后来,我到土耳其中东技术大学孔子学院工作,有一次上课的时候,一个土库曼斯坦的学生问我的第一个问题就是:"你们中国人为什么要吃青蛙?"把我给问得非常尴尬。于是我随机应变,称中国人吃的不是青蛙而是牛蛙,是古巴领导人卡斯特罗赠送给中国政府的。

等到台海局势缓解,我们一家也从湖南回到厦门。这时,我哥哥和我都已经误了一个月的学业了。

那次返乡,可以说是我们郑氏家族聚得最全的一次,父亲所有的弟弟妹妹一个不缺。我姑姑生了六个,五男一女。我大叔叔生了五个，三男两女。二叔叔生了三个，两男一女。最小的叔叔当时刚刚生了一个。我父亲是老大，生了我们兄弟两个。那次照全家福，把一个照相馆挤得满满当当的。

1962 年 8 月郑道传一家返回湖南老家时拍摄的全家福

二、我的母系家族

我母亲陈兆璋 1923 年出生，1939 年日本人侵占福州时，她正在福州一中读书。后来福州一中搬到沙县，她就在沙县读高中。

我母亲的老家是一个非常闭塞的山村。她当时要去读大学的时候，宗亲们是反对的，说："我们这个村庄还没有男的去读大学，怎么可以让个女的去读？"幸亏我外公是很开明的人，他在福州做律师见过大世面，所以他不吃这一套，积极鼓励我母亲读书。不仅如此，他还跟几个朋友一起在福州创办了一所小学，叫童宫小学，"儿童宫殿"的意思。

外公 14 岁的时候,家里发生了一件很可怕的事情。那时候,我外曾祖父已经去世,同村的一个坏人企图到家中行窃。他跑到我外公家二楼的谷仓里面,提前躲起来,结果因为尿急,就尿在裤子上了。然后尿液就从楼板间滴了下来,这样事情就败露了。这个人一不做二不休,把我外曾祖母及外公的妹妹两个女人当场勒死,然后抢了钱和一些粮食扬长而去。这个恶人和我外公甚至还是同一个宗族的。

由于这件事,我外公就毅然从那个山村走出去,报考了福州的一所法律中专学校。他读了两年以后出来做律师,后面带着法院的人回到山村里面把那个恶人绳之以法。这是很传奇的事情。他做律师以后赚了一些钱,在福州的三坊七巷买了房,结果抗战的时候被日本人的飞机炸了。

我母亲娘家算是地主家庭,所以我们也不敢回去。大概在1977 年的时候,平反的政策来了,从母亲老家传来消息说,我那个照顾外公的二舅的儿子可以参军了。这对我们家族来说,是一个天大的好消息。二舅的儿子参军以后就分到了驻厦部队。

我父亲是以很高的成绩考入厦门大学的,但我母亲成绩更好,她是直接保送进厦大的。所以一说起这件事,母亲就很得意。按照当时的规定,中国所有的大学都任由她选择。我外公考虑到一个女孩子,兵荒马乱的,跑太远不好,所以选择了厦大。

外公小时候住的那个村庄,我记得我母亲是写成"霞亭村",一个非常美妙而且很有诗意的名字。我在 2012 年的时候去过那里一次。

我母亲也是老大,有意思的是,母亲这边跟父亲那边不同。母亲先出来读书,然后把她大弟弟接出来读书,大弟弟再把大妹妹接出来,一个接一个,最后留下一个弟弟守着老父亲老母亲。虽然不是都读了大学,但是读书改变命运,能到城里来工作。她其中的一个妹妹非常感慨地说："如果不是大姐，我不可能成为护士。"这个妹妹最后做到县医院院长。我的大舅陈大璋，也在我母亲的带动下，参加了华东人民革命大学的学习。后来大舅加入共产党成了干部，当了省侨办的副主任。

1946 年陈兆璋厦门大学历史系毕业照

陈兆璋厦门大学历史系本科毕业证书

我母亲读高中的时候，曾发生过一件惊险的事情。不过，她从来没有说过，直到"文革"被人"检举揭发"，我才知道。她高中时参加了一个地下读书会,这些高中生组织成一个苏联文学爱好者小组。高尔基的名篇《海燕》中有一句话——"让暴风雨来得更猛烈些吧",这个小组的每个成员取其中一个字作为自己的代号。当时,在他们看来这是一种非常有意思的文字游戏。新中国成立以后,读书会组织者到一所邮电学院当了党委书记。

后来东窗事发,被国民党特务发现了,这些学生就全部被抓了。抓了以后要写悔过书,写了就不再追究你。悔过书写了后,国民党就广泛宣传,在报纸上公布。

几十年以后这件事被红卫兵发现了,他们却反过来把这些学生逐一当作"叛徒"处理。结果,我母亲被隔离起来,关在厦大丰庭二的二楼最后一间进行审查,叫她交代当"叛徒"的"罪行"。当时我每天都要给她送饭。

我小时候,母亲经常教我读唐诗。实际上,我父母亲两个人都是文学青年。我母亲结婚前,她的学生来找她,她介绍我父亲的时候说:"他还会写诗歌呢。"就是说她很看重我父亲会写诗歌。

在厦大工作后,她就一心扑在自己的专业上,很少写文学类的东西。在那个年代,她搞世界史是很困难的事情,因为资料来源很少,只有从苏联社会科学院弄来的一些资料。我们家里之前还有我母亲做的三四万张卡片。我母亲的字写得很漂亮,小小的卡片上写得密密麻麻的。

她在坚持做科研的时候,是带着信心带着喜悦去做的,而不是当作苦差事去做的。母亲去世后,她的书我大多捐出去了,只留下几本很破的书。比如一本叫作《十字军东征》的,已经被翻得烂得不能再烂了。还有苏联社会科学院的《世界通史》,也是被翻烂了。我保存着这几本似乎带着母亲余温的书,留作永远的纪念。

陈兆璋重要学术参考书《十字军东征》(章长城摄)

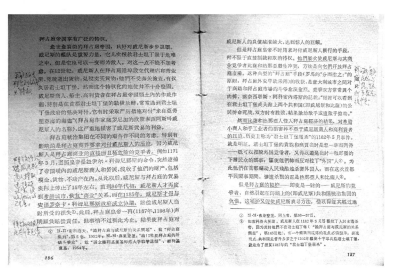

《十字军东征》陈兆璋批注(章长城摄)

母亲读的是历史系，我曾问过她怎么会有谢希德（复旦大学原校长）这位学物理的同学。她说她们虽然不同系，但是同年级而且住同一个宿舍。因为那个年代大学女生很少，所以有几个系的女生混住一个宿舍。谢希德是泉州人，其父亲是萨本栋当厦大校长时期的教务长。

厦大80周年校庆的时候，谢希德来过我们家，还拍了一张合影，我拍的。因为谢希德是泉州人，所以我母亲就叫我做海蛎煎给她吃。我平时海蛎煎做得很好，但是就那一次我煎得不咋样。我母亲很生气，说："你看看这孩子做事做成这样子，平时做得好好的，今天就不行了。"谢希德走的时候，我送她下楼梯，她很温柔地对我说："谢谢你啊，你做的菜已经很好吃了。"她很会安慰我，是一位非常善良的老太太。

1994年，谢希德在厦大郑道传家合影

从左至右：庄昭顺、谢希德、陈兆璋

后来，复旦大学校友会和复旦大学校史馆曾多次联系我，询问我关于谢希德校长的信息。

母亲和谢希德共同的爱好是学英语。她们当年常常一起到李庆云教授家里去参加聚会，母亲的大学本科论文导师还选了李庆云教授。谢希德后来去留学，就因为她英语的底子好。我母亲后来搞世界史研究，也是因为这段过往。我母亲的英语一向很好，我父亲湖南腔比较重，他大学毕业后曾在晋江石光中学教英语，我哥常开玩笑说："你湖南腔这么重也敢教英语。"

母亲曾在 1946 年厦大征文比赛中获得唯一的一等奖。那篇散文写得很好，叫《我的厦大生活》。1946 年厦大 25 周年校庆，母亲的获奖作文被全文发表在校办编印的《厦大周刊·校庆特刊》上。文章中她写到了自己在外面当文学编辑的经历和体会。那时很多大四的学生在外面工作赚钱，因为整个长汀有 10 多家报社、30 多家杂志社，可以算得上是一个战时文化中心，对学生来说有很多工作机会。

其实，我是在母亲逝世后，机缘巧合之下，读到了《我的厦大生活》原文。这篇 2000 余字的散文，清新朴实，弥漫着浓烈的校园气息，生动留录了当年厦大校园的学生生活。我惊讶地发现，尽管当年没有《凤凰花开的路口》，但毕业生舍不得离开母校的情愫与今天一模一样；学生学习的刻苦认真，社团成员的志同道合，做社会兼职时的一丝不苟，也与今日的厦大学子有几多相似……值得一提的是，文中所写的那位不会讲中国话的英文教授是李庆云先生，他的子女后来在厦大外文学院设有一份以他名字命名的奖学金。

陈兆璋散文《我的厦大生活》

我的厦大生活

陈兆璋

　　我数着日子：一百天、九十天、八十五天，啊，只差八十天了，八十天后我真的要毕业了吗？八十天后我真的不能和厦大的同学们再生活在一起了吗？我反复地问着自己，我是多么不愿意毕业，多么不愿意离开永远值得我怀念的厦大的生活啊！

一、我的"办公厅"

当我刚来到厦大，我就深深地喜爱着这个长方形的文法科阅览厅了。每天清晨，当我迎着刚刚升起的朝阳，一边手抱了字典，一边手抱了墨水瓶，匆匆忙忙地从笃行斋旁边的石阶到那里去的时候，我的心里就充满着说不出的喜悦，我好像是向着一个有希望的地方走去，一个有希望把我许多年来的"做一个有学问的人"的幻梦鲜明地印透出来的地方，仿佛我的脚步声曾经在早晨的空气里留下了一个最幸福的回响。

文法科阅览厅四十二个的窗门有着四十二个光亮亮的笑脸，不过要是你单说那里的光线好，空气好，我觉得这还不够。我尤其喜欢室内的那一片肃穆，到那里看书，似乎记性变得特别好；到那里写作，灵感也好像特别多。这就难怪许多同学等不到开门的时间，就在门口徘徊等候呢。

没有月亮的晚上，从阅览厅摸索着回家里是一件不大容易的事情。我记得有个雨夜，我撑了伞走回家的时候，虽然尽力小心，结果还是滑倒了，雨伞往前滚了两丈多远。当我爬起来找伞的时候，真把后面走过来的一位同学笑坏了。他说："眼睛这么近视，晚上还要办公！"

起先我莫名其妙这句话的意思，以后才晓得原来他们把阅览厅里我经常占据的一张桌子号做我的"办公厅"。我颇欣赏"办公厅"这三个字，不过遗憾的是，近来为着灯光的关系，我的座位是退化到游牧生活状态里去，我的"办公厅"早已经变为大家的公寓了！

二、笃行斋的主人

我们学校一个个女同学在外表上看来都是那么庄严,那样寡言寡笑,但是我告诉你,当心别被她们骗了,你看到她们笃行斋的生活吗?你看到她们六个八个在笃行斋的大厅上跳的旋舞和满场飞的样子吗?你看到她们一个房间又一个房间追追跌跌地把笃行斋的墙壁都要笑破的情景吗?

笃行斋是一个乐园,我应该骄傲我是女孩子,我可以以笃行斋主人的身份来撷取一份无忧的果实,许多时候我都觉得我的童年又来了。那么一个舒坦坦地笑弯了腰,弯腰了再笑的样子,这不是"回童"还是什么?

女生有许多男生所没有的特点,她动的时候会动得特别地天真,她静的时候也会静得特别地有味。我也喜欢跟她们在一起热烈地谈论,大吹特吹自己的抱负;我也喜欢跟她们在一起幼稚地玩,天真地吵;而在一些静静的夜里,我们并坐在廊前,默默地隔着树叶看月亮,或者低声诉说藏在心里的一丝半丝的秘密,更是一件叫人寻味的事情。

我们姐妹般地住在一起,姐妹的友情温暖了我们。"我没有烦恼,因为我生活在笃行斋里面。"我写信给一位远方的朋友这么说。

三、我与 Pen Club

我们几位厦大同学有着不定期的聚会,虽然我们的人数不到十个人,但是每次讨论,无论是诗歌、小说,还是批评别人的作品,批评自己的作品,我们总给主持的同学一个最大难题,大家发言得太多了,意见太分歧了,他很不容易替这些离奇复杂的意见下结论。我奇怪，像伯石、姚宇平日那么沉默的人，到这个时候也是一样地毫不沉默地讲出自己一篇又一篇的见解。

为了讨论艾青的诗，我们熟读了艾青的诗论和几乎整套的艾青诗作品；为了讨论王西彦的中篇小说《古屋》，一位从来不开夜车的同学也破天荒地开了夜车。共同的学习兴趣，把我们拉在一起，它逼着我们多读、多想和多写。

公丁同学要到夏令营去受训的时候，那时我还没有来厦大。他们七八个人曾在宿舍里高声朗诵自己写的"公丁，我们年轻的诗人……"，表示欢送的盛意。学习和友情在我们当中和谐交流。

"眼镜给我一个极亲切的感觉，因为我也有一副眼镜。"在批评我的散文《眼镜》大会上，戴着近视眼镜的伯石说，"不过我应该劝告你一点，你的文字不好用得太华丽了，雕琢痕迹太深的文字，反而会损害一篇作品原来的美。"自从那次以后，我无论写什么东西，总会记着他的那句话，尽量给我的文字穿上一件最朴素的外衣。

我们没有组织，没有名称，但是许多同学都叫我们的团体为Pen Club。我不管 Pen Club 这个名称是否恰当，我所晓得的就是有过那么一回事情，我们曾经在一起勉励过，切磋过。而当他们大多先我而离开厦大的时候，我还是一直带着这份勉励到现在。

四、我的导师

还记得在高中的时候，我的一位同学常常从他一位在厦大读书的朋友那里听到许多关于厦大的有趣传说。当时最使我们感兴趣的是关于一位不会讲中国话的中国教授又胖又幽默的事情，那时我丝毫没有想到以后就是这位教授教了我大学二十四个学分的英文课程，而且还做了我四年的导师。

我们的导师的确很胖，而且没有胡子，但是当他滔滔不绝地给我们讲授英国文学，而且耐心地回答我们一个又一个问题，我不知道为什么老是把他幻想成英文课本里那位牛津大学又瘦又高满嘴胡须的老教授。

由于他的影响，我也对英美文学产生了浓厚的兴趣，许多时候我都为着 *Wuthering Heights* 里面的 Catherine 流下同情的泪水；我也为着 *Marguerite de Valois* 里面的 Marguerite 发出了快活的笑声，好像我就是为那些主角而活着似的！

我们这几位学生常常和导师接触，我们喜欢听他诙谐动人的谈吐，我们也都愿意把自己生活里大大小小的事情统统说给他听，我们都切望他能给我们一个同意的微笑。他常常和我们在一起玩，打 Bridge 啊，玩 Checker 啊，弄弄些外国的小玩具啊，似乎他都玩得比我们更活泼，更有兴致。

自然，他从来不会板起做导师的面孔给我们训话，但是我发现我的思想和我生活的各方面都深深地受到他的感染了。

五、副刊编辑

在三年级上学期，我编了一学期的《汀州青年报》副刊。走出教室，或且下了图书馆，我摇身一变，从大学生马上变成了报馆的小编辑。这双重身份的生活虽然给我带来太多的忙碌，但也给我带来了一些有趣的享受。

白天学校里功课忙，编辑工作不得不留在夜里。在月亮亮得最亮的夜晚，同学们几乎都出去寻找月下的天地，宿舍里静悄悄的，陪着一盏油灯赶稿子画版样的就是我这位傻编辑了。按时交付稿子成为我最大的喜悦，总编辑一个嘉许的微笑，会比看一百次月亮出来更使我感到快活。

记得创刊号出来后的第二天，就有几位中学生来稿，并且都附来了一封封充沛着学习热情的信。这使我感动得在阅览厅里连看几个小时的书都不觉得疲惫，我惭愧我没有一点学问好分给他们。

有一次我病了，我既不愿意报纸拖期，也不放心别人代编，所以只好拖着病中困倦不堪的身子依枕编排。把稿子弄好之后，我发现自己全身流着冷汗，第二天受到校医一顿大大的埋怨，但那天晚上我却做着一个充满着蜜味的编辑梦。

"不会把你忙坏了吗？"一位同学关切地问。

"不，这个工作虽然消瘦了我，却也营养着我。"我是这么回答他的。

六、尾声

汪校长来校以后，我们的生活好像向着一个更活泼更紧凑的方向走去，但是"夕阳无限好，只惜近黄昏"，我希望天公能够体谅一位夕阳期的大学生心里的悲哀，而慷慨地把日子拉住了，让它与毕业日期永远有一个八十天的距离！

第二章

求学与求真：挥斥方遒的青年时代

一、长汀厦大求学

1940 年郑道传从长沙一中考入厦门大学时留影

  我父亲在长汀厦大先读一年中文系，然后转到经济系。毕业后，他留校待了两年。我现在估计，一个原因就是要等我母亲毕业，我母亲是 1942 级的，低他两级；另外一个原因就是想在学校多读两年书。他跟校长秘书王梦鸥的关系很好，王梦鸥就给他一个在图书馆干活的差事。这样，他既可以读书，又有图书馆的工资可以拿。

1944 年郑道传厦大毕业照

他很爱用长汀的花生米做一个金钱购买力的参照，比如说他当年拿到稿费以后可以买两筒花生米。他把一张旧报纸做成一个三角形，里面放炒好的花生米。吃的时候把上面的盖子揭开，一粒一粒吃起来。在长汀读书的时候，同学之间的情谊是纯洁朴素的。文学社团里谁拿了稿费谁去买花生米，然后大家就一起吃，那是他们最幸福的时光。

他们每周开的文学聚会，叫笔会。大家围坐在一起，互相点评诗歌、散文、小说。有时他们还发起活动，当时著名左翼作家张天翼病重，他们就发起捐款，捐几毛、几块钱的都有。我父亲虽然很热爱诗歌，但是认为诗歌创作跟读不读中文系是没有关系的，所以在大二的时候毅然转到经济系。那时候，大学的机制比较灵活，学生转专业是比较常见的事情。

1944 年厦门大学学生剧团演出成功庆祝留影

后排左一为郑道传

大四的时候，他听了王亚南关于《资本论》的课，便爱上了马克思主义，毕业后也继续听王亚南的课。他从此一发不可收，把感情全部都投入对马克思主义的研究里面去。

但是，他对诗歌的爱好一直延续到老年，诗人的气质保留了一辈子。长汀读书期间，他就写过不少新诗，充满朝气和对自由的向往。其中一首《网》是这样写的：

谁说江河是无阻的

不见那渔网里跳跃着生物吗

网里没有饵

凭着几根线织的网罗

配上一串银铛的铁钩

让渔夫顺手一撒

那遨游在江河的自由者

遂成为网中的俘虏了

挣扎吧

你网中的受难者

不必太怨世间无乐土

渔网不是渔夫织成的吗

啮碎那人为的劳什子

争取自由的江河

1942 年春天于长汀

　　父亲算是较早接触到马克思主义，从一个热血青年成长为一个倾向左翼的大学生。他的进步学生的形象很明显，如在他的诗词里面，在泉州海疆学校时写的文章里面都可以察觉到。那些文章大多是在《时与文》上面发表的。这份杂志是周谷城和国民党元老程潜的儿子程博洪主办的，是一份影响非常大的进步刊物。我父亲在上面接二连三地发表文章，王亚南那些研究官僚制度的文章也发表在上面。这份刊物，1948 年被国民党查封了。

　　当时父亲有那么多文章发表，我估计也和王亚南的提携有关。他 29 岁就出版了《殖民地问题》一书。该著作实际上是父亲发表在《时与文》杂志上文章的汇总，由王亚南推荐出版的。

　　父亲还在长汀厦大食堂的墙壁上贴出他讨伐宋子文的檄文。父亲做这些事情，完全是自发的。

　　父母在长汀读书的时候就有了感情。因为他们都是文学爱好者，两个人都参加了学校的文学社团，所以我也很骄傲地说，我就是厦大这个校园社团的结晶。

1944 年长汀厦大学生"组友留别"

后排右二为郑道传

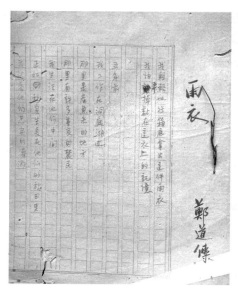

郑道传诗歌手稿《雨衣》(章长城拍摄)

　　在厦大近现代文学馆里有一张叫作"笔会"的照片，里面有我父亲、母亲，潘懋元，姚一苇和他的女友范筱兰等。这张照片很有意思。我现在每天早晨在厦大跑步，到了 8:30 的时候，鲁迅纪念馆楼下近现代文学馆正好开门，我会特别停一下脚步，去到这张照片前，跟父母亲打个照面。

1943 年厦门大学学生社团"笔会"合影

前排：左三郑道传、左六朱一雄

后排：左三陈兆璋、左四范筱兰、左五姚一苇、左六潘懋元

二、痛恨殖民主义

　　父亲离开厦大以后，先在泉州海疆学校工作，这是一个很有名的学校。新中国成立后，海疆学校合并到厦大。父亲的《殖民制度就是战争》这篇文章就发表在《海疆学报》上，他的课也是宣扬这些的，结果引起了国民党特务的注意。后来，在王亚南的帮助下，他来到了王亚南主持工作的福建省研究院社会科学研究所工作。

　　他在泉州海疆学校和石光中学两个地方都待过，但时间都不长，加起来可能一年多吧。

　　我记得父亲一开始工作的时候，就对亚洲民族解放运动给予高度的关注。在英国人抛出印巴分治方案的时候，我父亲非常激动，说这会留下严重的后患，是英帝国主义对世界人民犯下的最大罪恶。潘懋元在写回忆我父亲的文章的时候，就特别提到这件事，说居然被郑道传这个小小的"大仙"言中了。

1946 年国立海疆学校第一届法商科全体师生合影

前排右七为郑道传

1946 年与海疆学校同人在晋江之滨合影

右三为郑道传

郑道传《考茨基"超帝国主义论"的批判》

郑道传译《菲律宾的劳工问题》

郑道传《马来亚新政制对当地华侨的影响》

郑道传《殖民地论》

郑道传《战后帝国主义列强
对殖民地之新的适应》

郑道传《暹罗政变与暹罗排华》

郑道传在《时与文》上发表
《越南问题》

郑道传《太平洋的新问题》

　　由于对殖民主义的痛恨，对马克思主义的向往，再加上受到王亚南的影响，父亲对新制度的接纳度很高。当时有的人对新制度不适应，但是我父亲恰恰不同，他感到如鱼得水，非常渴望新制度和新政权的到来。他写的书也非常适应新制度的意识形态。

　　父亲在新中国成立前已经加入民盟，当时民盟也和共产党一样，遭到国民政府的迫害。

20 世纪 90 年代郑道传出席厦门民盟活动合影

左三为郑道传

三、与施蛰存的师生情

　　父亲在长汀的时候，跟当时一些著名的文学教授，比如施蛰存、林庚、王梦鸥等都有很深的交往。父亲有着广交朋友的个性，别人也喜欢他这个双目炯炯有神的文学青年。

　　施蛰存先生（1905—2003）在 20 世纪 40 年代于厦门大学讲授国文，并担任学生文学社团"诗与木刻社""笔会"的指导。我父母是社团的骨干，与施先生关系较为密切，在特殊的时期结下了珍贵的师生情谊。大学毕业后父母一直与施师有书信来往，父亲分别于 1961 年、1966 年和 1985 年三次赴上海探望过施师，母亲也于 1984 年去探望过一次，这些情况母亲后来写成散文《著作等身的施蛰存老师》，收录于《厦门大学 1946 届校友毕业 50 周年纪念特刊》(1996 年 10 月，福州)一书里，后被《凤凰树下——我的厦大学生时代》(厦门大学出版社 2006 年版)收录。她写道："他一方面给我许多鼓励，也提出一些中肯意见，对其中一篇描写一个自制自售苏打饼的老头的文章，他问我，在我的思想深处，是否对该老头的劳动有不够尊重的地方？"她的回忆再一次印证了施先生发自内心的自然而然的贫民意识。我也有记录这一师生关系的散文《汀江梅林梦难断》，被陈子善收录于《夏日最后一朵玫瑰——记忆施蛰存》(上海书店出版社 2008 年版)。

施蛰存

1966 年父亲在王亚南的安排下，到上海做眼睛手术，施蛰存还来医院看望他。他们两个人交谈很久，后来也书信不断。那时候没有电话，所以我们家留下了很多封他们交往的书信，非常珍贵。

"四人帮"倒台后，两个人又联系上了。记得施蛰存给我父亲来过一封信，密密麻麻写了一张纸。施蛰存说起"四人帮"倒台以后，他的政治待遇、房子待遇，谈得非常仔细。从书信的亲密程度也可以看得出来他们之间的师生情谊。

我在捐赠父母亲的老书旧纸时发现一封施先生 1983 年的亲笔信，信用的是《词学》编辑部的稿纸。该刊由施先生筹划创办，于1981 年 11 月创刊，他将创办、编纂《词学》视作自己学术生命的一部分，与文学创作和学术研究同样重视。施先生在信中侃侃而谈，提及 40 年前的老学生如叙家常，整封信的书写笔迹娟秀，满满一纸，一气呵成，字里行间展露出改革开放初期施先生的生活和工作情况，以及那正在穿透阴云的时代阳光。

该信原件曾在厦门大学图书馆四楼"玉堂·厦大文库"里展出。

全信内容如下：

道传、兆璋同学：

水仙四球已辗转递到，外四球亦已交万先生[①]，每年都承惠赐漳州名产，甚感甚感。可惜我的房子尚未落实政策，现居三间都是北房，不见阳光，种水仙条件不够，每年都开得不好，只望今年能收复南房或迁居新厦，可占叶茂花香，不负雅意。

---

① 万先生，即万鸿开教授，20 世纪 40 年代曾经在厦门大学、光华大学教授会计学，译有《苏联之货币与金融》。

承示朱一雄夫妇①地址，很好，我会即写个信去。

涂元渠②故世，使人哀悼，去年或儿子蓬到泉州去，承他招待，想不到一调福州，即患不治之疾，不知他如果不去福州会不会免此一劫。金珍君③有信来，我送了一个花圈去，不足以致悼念之情。

我去夏到陕西、山西、河南去走了一转，今年暑假想到南方去看看，很可能到厦门来叙旧。

道传现在还工作否？念念。郑朝宗处望代致候。

郭成九④在上海，月前来过。苏仁骊⑤、陈欢熹⑥在无锡，也有联系，我即将把一雄的地址抄给仁骊。

我一切如旧，谢谢你们的关注，年此即贺

新禧

施蛰存

1983年1月7日

---

① 朱一雄夫妇，即朱一雄、庄昭顺，20世纪40年代厦门大学学生。朱一雄后移民美国，成为美国华盛顿与李大学终身美术教授，著有《思乡草》（书林出版有限公司2009年版）。

② 涂元渠，20世纪40年代厦门大学学生，著有《高适岑参诗选注》（上海古籍出版社1983年版）。

③ 金珍君，20世纪40年代厦门大学学生，涂元渠夫人。

④ 郭成九，20世纪40年代厦门大学学生。

⑤ 苏仁骊，20世纪40年代厦门大学学生，曾任中国致公党无锡市主委。

⑥ 陈欢熹，20世纪40年代厦门大学学生，苏仁骊夫人，无锡师范资深教师。

1983 年施蛰存致郑道传、陈兆璋的信

有一次，母亲浏览了我给研究生批改的作业后大摇其头，她情不自禁提及了施先生："当年施师总是把学生的每一篇作业改得极为认真，如果你的文字特别精彩，他就会用红笔在下面画上'两条杠'，那是先生对学生的最高奖励。"当时施先生已经是颇有名气的作家，于是同学们都期待着自己的作业本上出现作家赐予的"两条杠"。她记得同班级有一位叫郭成九的同学，写了一篇作文《在去梅林的路上》,里面描写当地人的衣着打扮时,用了"似俗非俗"四个字,施先生即在下面画上"两条杠",引得全班同学羡慕地探讨了许久。倏忽过了半个世纪,可先生的"两条杠"却鲜红依然,令后学们刻骨铭心,这就是施先生为师的魅力。

聘用文学名家进校任教,陈嘉庚独具慧眼。厦大创办伊始,就有林语堂、沈兼士、鲁迅等纷至沓来,后来又有洪深、施蛰存等跟进,前后延续了二十余载。他们极大地激发了各科学生对文学的兴趣,提高了国文的水准,滋养了人文情怀。这段铿然的历史回声,至今仍然是厦门大学作为名校的坚实根基。

四、与王梦鸥的师生情

父亲与王梦鸥在长汀时期的交情已很深。

王梦鸥

王梦鸥先生(1907—2002)是福建长乐人,1939—1945 年任教于厦门大学,兼任萨本栋校长的秘书。萨本栋调离厦大任职中央研究院总干事长后,又请他去当秘书。

父亲在他的回忆文章《萨本栋和抗战时期的厦门大学》(1980年应全国政协文史委要求而写,后被收录于厦门大学出版社2004年出版的《萨本栋博士百年诞辰纪念文集》和2006年出版的《魅力厦大》两书)中,有几处涉及王梦鸥先生:

一是萨本栋任职期间,刚好是硝烟弥漫的抗战岁月。当时我父亲是经济系的学生,由于爱好文学,与作家王梦鸥先生成为忘年之交。王梦鸥长期担任萨校长的秘书,在与王梦鸥的交往中我父亲时常耳闻萨校长呕心沥血办校的事,加上自己的目睹,就树立了萨校长在我父亲心目中非凡的形象。

二是萨校长用人以"精兵"为本,校长办公室只有四个人:一个秘书、一个文书、一个职员、一个工友。教务处为五人,处长是兼职的,下有一个注册主任,两个职员分管教务和学务,再外加一个工友。重要的图书馆也不过十几个人。大小机构,因事设岗,没有专门当官的闲职。

三是1944年初,国民政府教育部特邀几位外国专家来华讲学,其中有一位英国人来到长汀的厦大。萨校长设宴欢迎,王秘书要我父亲和另一位同学作陪。

1990年6月,由于姚一苇同学从台湾来厦大,父亲才得知王梦鸥师在台湾的情况,并取得了联系,从此两人书信来往不断。此时的王梦鸥已经84岁高龄,但一手硬笔书法潇洒依旧,可见其矍铄与硬朗。1995年王梦鸥来信请父亲为他办一件急事:台北的大学生为纪念抗日战争胜利50周年,拟重排王梦鸥当年在厦门大学创作的历史话剧《燕市风沙录》,但全台湾居然找不到剧本。王梦鸥当年匆匆赴台,许多旧作早已遗失。他记得厦门大学图书馆有这本书,希望还能找到,并将其复印件发往台北。

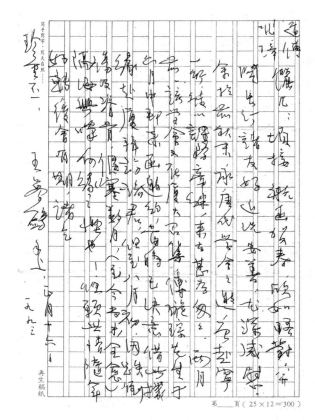

1993 年王梦鸥给郑道传、陈兆璋的信

抗战时厦大学生演出的话剧在长汀影响极大。厦大 1945 届校友鲍光庆在《长汀时期的厦大剧社》中回忆道："在厦大我还演过由于伶编剧、王梦鸥导演的《杏花春雨江南》，由王梦鸥编剧导演的《燕市风沙录》（杨思文演主角文天祥），还和朱植梅合演过《放下你的鞭子》……"厦大 1947 届校友苏仁骊在《汀州剧坛琐忆》一文中写道："最令我难忘的是 1944 年'三八'妇女节演出的巴金原作、曹禺改编的《家》和杨村彬编剧的《清宫外史》……王梦鸥老师是我们的总顾问，分幕自导自排，再由总顾问复排……那时剧运风起云涌,先后有机电系的《钦差大臣》《燕市风沙录》、教育系的《万世师表》、法律系的《人为财死》等演出."以上两文发表在厦门大学1947届校友刊物《同窗行》总第 7 期上.特别值得一提的是,该期刊物还发表了一张厦大剧团演出《家》的演职人员合影,十分珍贵.我在照片里找到了父亲,他可能是作为剧务参加的.照片中还有萨本栋的儿子萨支唐,他扮演了钻在新房床底下的小孩.

长汀厦大剧团演出《家》的演职人员合影

回过头来看当时的剧运,众多剧目中意义最大的应该还是《燕市风沙录》.据厦门大学台湾研究院研究海峡两岸文学渊源的朱双一教授介绍,王梦鸥当时在很艰苦的条件下,为厦大学生写了三部话剧——《红心草》《命运之花》《燕市风沙录》,有的甚至是在防空洞浑浊的空气中写成的,全都是抗日题材.至于王梦鸥先生在繁忙的工作之余为学生创作的剧本艺术水平如何,我查到了民国政府当年的一则话剧评奖公告:"1943 年以后评奖改按年度进行,仍由教育部主持,聘请有关人员组成'优良剧本审查奖励委员会',从当年发表或演出过的剧本中遴选。该项评奖统共搞过两届,共有 21 部话剧获奖。1943 年度(1—10 月)获奖剧目为:老舍、赵清阁《桃李春风》,于伶《杏花春雨江南》,姚苏凤《之子于归》,沈浮《金玉满堂》,王梦鸥《燕市风沙录》,吴祖光《正气歌》,王进珊《日月争光》,郭沫若《南冠草》,陈铨《无情女》,陈白尘《大地黄金》,曹禺《蜕变》,王平陵《情盲》,李庆华《春到人间》,共 13 种,全是话剧。"获奖者中名家云集,王梦鸥业余创作的《燕市风沙录》跻身其间,可见分量不俗! 也许正是出于这个原因,半个多世纪后台北市的大学生才拟定重排《燕市风沙录》。

我父亲看到信后,立即给我打电话,让我到学校图书馆寻找。真的很幸运,一下子就在卡片柜查找到了《燕市风沙录》的书卡! 厦大图书馆的旧书保存得很好,有其特殊的历史原因:1945 年抗战胜利后,厦大从长汀迁回厦门,鉴于运输的困难,大部分图书留在长汀,而后由于内战,又而后由于厦门和金门的炮火不断,这些幸运的老书一直到春暖花开的 1979 年才得以完全运回厦大。我兴冲冲地下到书库,可结果怎么也找不到这本书,它前后卡片上的老书都在,偏偏就它没了踪影!

父亲知道后一脸不快,陷入了沉思,我也像做错了事情一样无言地站在一边。当时王梦鸥的大儿子在南京,他将此任务委托给父亲,显然有更高的期待,事后父亲与母亲两人商谈了很久。当时的情况是,我与母亲在某种程度上都是已经失明的父亲的"秘书",母亲主内我主外。母亲和父亲是在长汀厦大校园的文学社团"笔会"相识相知相恋的,同时也是《燕市风沙录》演出的历史见证人。父亲在他的回忆文章《长汀厦门大学的"笔会"和"诗与木刻社"》(收录于徐君藩等主编的《福州文坛回忆录(1930—1949)》,海潮摄影艺术出版社 1993 年版)中写道:"厦大剧社是校内著名文艺团体之一，曾演出《北京人》、《原野》、《蜕变》、《家》及《燕市风沙录》等巨型话剧，其演出的宣传工作就是全部由'笔会'承担。"

父亲向来有情有义，书海茫茫，要找到一本书可谓大海捞针，但这个决不言弃的盲人心里却是亮堂的，他知道这根"针"可能在的地方，进而一摸再摸。不知道父亲和母亲为寻找这部抗战时期的剧本写了多少信、打了多少电话，我只知道数周之后，一部复印得清整素净、完好无缺的《燕市风沙录》随着挂号信寄到了我们家的信箱——厦大101号信箱，寄件人是福建师范大学的徐君藩教授。父亲要我立即用航空挂号信转寄给在台湾的王梦鸥先生，如果我没有记错的话，信址是"台北木栅一支341信箱"。在转寄的当头，我忍不住草草浏览了一下剧本的内容，大致是讲文天祥被捕大义凛然，义士谋划营救未果。剧作者意在以"人生自古谁无死，留取丹心照汗青"的精神，激发国人抗日杀敌，为国尽忠。书中还有舞台布置设计的草图多幅，估计也是出自王梦鸥先生的手笔。

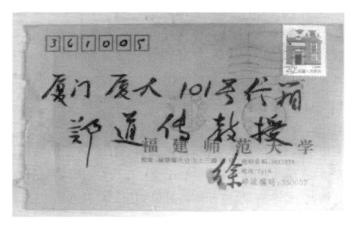

徐君藩给郑道传的挂号信

我现在无从想象徐君藩教授是如何奇迹般地找到《燕市风沙录》的，他应该不大可能轻而易举地从福师大图书馆获得。因为我清楚地知道该校在"文革"中曾被撤销,师资被强行压成一个教育系并入厦门大学,图书资料和教学仪器遭到严重毁损。于是我几经搜索,对徐君藩教授有了大致的认知:著名教育家和编辑家、福建师范大学教育系主任。早在1936年就曾与人合著《课外活动》(由商务印书馆出版),全面抗战时在永安主编《现代青年》,晚年参与主编《福州诗与散文选》《两岸故人集》等分量很重的文集,曾约我父亲撰写抗战时期厦门大学学生笔会社团活动的回忆文章。我推测父亲与徐的关系应该就是在抗战时期建立的,是一个文学青年与一个文学编辑的关系,而且关系不浅。我记得父母亲在接到徐的复印件后曾为复印费的问题发生争执,父亲认为复信言谢便可,另找机会答谢,如果把那区区十几元的复印费寄回恐怕会伤了朋友的心。母亲则认为人家为我们办事还要贴钱,情理上说不过去,汇钱时可称复印费我们这里可以报销。

王梦鸥收到《燕市风沙录》的复印件后,立即亲笔分别给我父亲和徐君藩写信致谢。徐君藩在收到王梦鸥的信件后很是感动,于是在1996年7月24日致信我父亲时分享感受,并附上王梦鸥亲笔信的复印件。王在信中发出了"人生苦短"的感叹。

海峡两岸为一部尘封多年的抗日历史名剧《燕市风沙录》的复出而费尽心力,本身就是一段佳话,同时也是两岸文化老人一次与生命法则的赛跑:此事过后一年多,徐君藩教授在福州病逝,我父亲在厦门中风,记忆严重受损,但两老无愧于在人生的最后阶段,联手完成了《燕市风沙录》的越海递交。至于《燕市风沙录》在台湾上演的情况,暂不清楚,但台湾的时报文化出版社在1995年12月出版了王梦鸥的《中国文学的理论与实践》一书,其中收录了《燕市风沙录》,该剧的光荣复出是确切无疑的了!该书的主编为台湾彰化师范大学国文系林明德教授,林在序言里进一步肯定了王梦鸥剧作对抗战的贡献,他写道:"创作方面,分戏剧与传记,前者又以三幕剧为主，例如《红心草》、《生命之花》、《燕市风沙录》与《乌夜啼》，后者即《文天祥》一种。这些创作均完成于抗战期间，对国民不无鼓舞作用，显然是知识分子参与抗战后援会的实际表现。"

抗战时期，厦门大学在长汀的表现可歌可泣，是一曲响彻云天的教育救国的凯歌。厦大剧团在长汀的表现可圈可点，其中厦大师生自编自导自演的《燕市风沙录》星光璀璨，我们应该在厦门大学校史、中国文艺抗日史，乃至中国的话剧史上，为它补记上这热血沸腾的一笔！

五、与姚一苇的同窗情

姚一苇（1922—1997）是厦门大学银行系 1946 届毕业生，毕业后即前往台湾工作，后成为台湾美学界和戏剧界大师级的人物。他也是我父亲和母亲在厦大读书时的同学，课余一起参加学生社团"笔会"。

姚一苇

父亲在大学读书的时候,在长汀的高中兼课,而且他兼了好几所学校的课。他把其中一所学校的兼课让给姚一苇教。当时,学生生活那么艰苦,谋到这样一个职位,能给生活带来很大的改善,所以姚一苇对我父亲终生心存感念。

姚一苇16岁时入江西吉安中学,旋即遭遇连年战乱,随校迁徙,后考进厦门大学。厦大为躲战火而搬到长汀,他以校为家。1946年大学毕业后,他先在台湾银行任职,后在台湾各大学主讲戏剧理论和文学理论。他毕生以读书为乐,以创作、著述、教学为志业。先生坚信传统人文精神和古典美学信仰,治学严谨,意境深远,在剧作、美学、理论、批评、散文等领域成就斐然。从20世纪50年代起参与台湾的《笔汇》《文学评论》《现代文学》等重要文学刊物编务,提携后进,不遗余力发掘有才之士,被文学界誉为"暗夜中的掌灯者"。他是台湾现代戏剧首屈一指的大家,台湾美学界称之为"戏剧与美学的一代宗师"。

1987年10月台湾当局开放大陆探亲,姚一苇即刻致函我父母,表达了对故乡与母校的思念,并几经努力,终于在1990年重返厦门大学,与分别了44年的老同学相会。

后来,我在处理父母遗物时见到了姚一苇致他们的亲笔信6封。这6封信不仅情感饱满,书写俊秀,而且是姚一苇生命最后几年情感与思想的涓涓流淌,是纪念与研究姚一苇先生重要而珍贵的第一手史料。

第一封:

道传、兆璋学长伉俪:

长汀一别,转眼之间四十多年过去了,人世沧桑,不知自何谈起。

我打算返乡探亲,拟经厦门。我是厦大毕业,却从来不知母校是何样子,以致梦寐萦回。更希望这次能拜见师长及老同学,一诉离情。

我计划由香港坐船到厦门,拟在厦门停留五至七日,惟此刻行期仍未确定,大约在六月下旬。

筱兰不幸于 1983 年患乳癌去世,当时曾遭极大打击。后来再婚,内子李应强与我均在艺术学院教书,生活已恢复正常,此次我当与她一同前来。

母校近况如何? 汪校长据云仍健在,潘懋元兄仍在校,此外尚有何人? 盼示之为感,如有电话之告知。时再叙即请俪安。

弟姚公伟(一苇)拜上
1990 年 3 月 24 日

第一封信有两点值得关注:其一,回家探亲,先回厦大母校,后回江西老家,这自然有交通上的考量,也不乏情感上的牵挂,厦大之魅力可见一斑;其二,通报了同为厦大学子的前妻范筱兰去世的噩耗,笔叙时竟涂抹两字,这在姚先生的各封信函里实乃少见,疑似心弦的颤抖。

第二封:

兆璋学长:

您四月四日函已收到,今日又收到您托杜先生带来之信,诵之再三,如见故人。我因班机时间未定,故未立即做复,致劳悬念,深感歉疚。

我目前仍在教书,且杂务甚多,四十多年阔别,诚不知自何说起,幸好会面之期不远,当可畅叙衷曲。

　　厦门方面届时找一旅馆是否方便？需否先预定？一俟行程确定，当函告或电话告知，费心之处容面谢。

　　母校对我之成长，关系至大，无以为报，因此拟将我的全部著作致送一份，聊表微意。余再告，即请教安，道传学长应之代致候。

姚一苇

1990 年 5 月 9 日

　　姚一苇写第二封信时应该获悉我父亲已双目失明，他需要厦门方面协助的事宜不得不都由我母亲负责打点。决定重返母校，姚一苇首先想到的就是把他的全部著作送一套给母校，后来他确实就是这么做的。当时在厦大图书馆举行了简单的捐书仪式，时任厦大图书馆馆长兼校友会理事长的陈仁栋教授主持了仪式，时任校长林祖赓教授接受了捐书。记得当时姚一苇客气地说："我没有什么贵重的礼物，只有这些著述。"林校长动情地回答："母校需要的就是您的大作！"

第三封：

兆璋学长：

　　五月三十一日大函敬悉。

　　今日才收到旅行社之机票，行期才正式确定。我们将于六月二十五日搭乘中国民航 CZ382 次班机飞厦门，飞机于香港时间 12 时 15 分起飞，大约一个多小时可抵厦门机场。届时如有校友会来接，当感激之至。

　　关于旅馆，当然希望住在校内，因为比较方便可以参观母校，但是要比较现代化（譬如冷气，能睡得好些，以免旅途辛劳），否则则请订市区内旅馆（不需要豪华），费神之处容面谢！

　　千言万语容见面时长谈。

　　诸学长处乞代致意。

　　祝阖第安康

姚一苇、李应强同上

1990 年 6 月 9 日

　　当时大陆交通和住宿条件都比较落后，厦大校内只有一家招待所，且大部分客房只有电风扇，有空调的客房屈指可数。姚一苇在后来与我聊天时曾感叹当时大陆要比台湾落后 20 年。

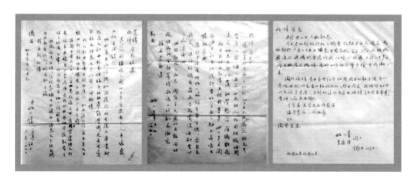

姚一苇书信手稿

第四封：

　　道传、兆璋学长伉俪如晤：

　　　　我们于阔别半个世纪之后，得以在母校相见并过府叨扰，畅叙离情，人生之乐事，毋过于斯！尤其是道传兄于双目失明之余，尤能著述，其耐心与毅力，令我们衷心钦敬，可见人必要自己努力，则无事不可克服也。

我们于六月三十日飞南京，探望舍弟公骞，并一同游庐山，有句云："神州蓬岛隔云天，五十三来一瞬间。兄弟同游无别事，看山眺水话童年。"亦所以记实也。

七月十日复自南昌飞北京，见到阔别五十二年的妹妹。当年离家时她才十岁，而今已白发飘萧，相逢恍如梦寐。我们在北京停留十二日，畅游名胜古迹，虽然是走马看花，但如愿足矣。

二十二日由北京飞香港，次日返台北。旅途虽劳累，惟一路平安，足释远念。

回来之后，不免有一些杂事待理。但此间天气炎热，执笔写此信时挥汗如雨，故工作效率甚差。厦门天气似乎气温低于此间。

明年四月为母校七十年校庆，此间校友正发起组团前往庆祝，届时必有一番盛况。

陈仁栋学长处乞代致谢！

余不一一，专此敬祝阖府安康

姚公伟、李应强同上
1990 年 7 月 28 日

此信虽短，但充满了一个"情"字，手足之情、兄妹之情、母校之情、同学之情、校友之情，一情扣着一情。据我所知，隔年母校 70周年校庆姚一苇虽然没有再次出发，但"厦门大学台湾校友会"编印的《纪念厦门大学七十周年校庆特刊 1921—1991》收录了姚一苇的专稿《厦大二奇士》，其中一半篇幅写的就是他的老同学郑道传，随即福州的《港台信息报》（1991 年 5 月 25 日）全文转发了该文。

第五封：

道传、兆璋学长伉俪：

时间真快，厦门一晤，匆匆又是三年，今年我已年届七十，已依规于八月一日起退休，但是教书工作一丝未减，只是由专任待遇改为兼任，可以说是"待遇退休"而已。

我本想退休之后，能各处玩玩，途中讲点什么，但目前大家都是经济挂帅，赚钱第一，此种人文方面的东西，缓不济急，颇受冷落。因此若道传兄、国磬兄这样的学者，这样的精神，那里去找？我只觉得我写得太短了。

我今年年初出版了《戏剧原理》，系由我口述，别人笔记，再由我改定，此种出书方式比较快速。现正在校阅另一著作《审美三论》，可能明年初才能问世。

最近得来书，关于此间人口问题、家庭计划方面之资料，我是一无所知，盖隔行如隔山也。不过我已托人去查何处有售，如有结果，自当寄奉。

今年农历新年无事，做了一首诗，录呈一粲：

壬申元旦口占

七十年来志未忘，白头处士更痴狂。

几根傲骨经霜雪，一瓣馨香拜老庄。

不为虚名媚俗世，只因诗思索枯肠。

从今休问凡人事，坐对书城岁月长。

敬祝

俪安

弟公伟拜
1992 年 11 月 14 日

1992 年姚一苇致郑道传和陈兆璋夫妇的信

　　此信中所言"我只觉得我写得太短了",指的是他写的《厦大二奇士》一文。另外所提及的人口问题的资料,则与我有关,我当时在厦大台湾研究所从事台湾人口问题的学术研究。

第六封：

道传、兆璋伉俪：

十二月十七日大函于昨日收到，此信走了十多日，可能不是经由航空之故。

令郎要的书一般书局是找不到的，因系太专门。信中告知出版社名称，我到"中央文物供应社"，果然购得。同时购得《统计月报》1992年12月份，系最新出版者，令郎可能有用。

另寄上《人口学与家庭计划》及《统计月报》各一册，可能由海运，当比信件费时，故不知你们何时才能收到，收到后请告知。

至于所需之《台闽地区人口统计》一书则仍未找到，我们会随时留意，一俟找到，即寄奉。

今年农历元旦，一时感知中来，有诗一首，特录呈一粲：

癸酉元旦抒感

老去情怀五味陈，干戈世路历艰辛。

风云翻覆晴兼雨，时事苍黄假作真。

四纪居留仍客席，一生寻觅是吾身。

今朝与己安心竟，白首穷经日日新。

耑此即请

阖府清吉

新春如意

公伟拜上

1993年4月2日

应强附笔问好

第六封信中我几乎成了主角，父母为我的科研操劳挂心，并不惜麻烦老同学。我收到姚一苇学长的资料与图书后,分别在《中国人口科学》《中国人口年鉴》《中国计划生育年鉴》,以及《南方人口》《台湾研究集刊》上发表多篇关于台湾人口研究的论文与综述,这些研究成果都离不开姚一苇先生的操心与支持。

1997年4月11日,从台北传来姚一苇突然病逝的噩耗,我的父亲和母亲撰写了怀念长文《难忘的友情》,细分三部分:"民族危难中的同窗友谊""'红鼻子'报佳音与阔别重逢""白首穷经日日新"。该文内容与我披露的这六封信相映成趣,互为印证。该文发表在1997年7月20日《厦门日报》上,此后福州《台港文学选刊》和北京《新文学史料》也做了转载,并被收录于台湾书林出版有限公司1998年11月出版的姚一苇纪念文集——《暗夜中的掌灯者》,该书由陈映真主编,李应强、王友辉编辑。

1990年姚一苇与郑道传、陈兆璋于厦大敬贤一号楼401室合影

2017年9月,厦门大学新任校长张荣在迎新大会上提到了校友姚一苇的名字,进一步肯定了他作为杰出校友代表的地位。姚一苇学长给我父母亲的六封信不仅是珍贵的名人家书，而且体现了一位厦门大学赴台老校友的母校情怀、家乡情怀和民族情怀以及深厚的文学修养，是海峡两岸共同的人文文物与珍贵的历史史料。

六、因《资本论》结出的左翼之花

王亚南可以说是我父亲一生的贵人，不仅在学问方面，而且在人生道路上一直指引他。王亚南带父亲来厦大的时候，当时父亲在福建省研究院社会科学研究所已经是副高职称了，到厦大来降为讲师。这倒不是因为我父亲有多么谦虚，而是王亚南要求的。王亚南说："在这种情况下你帮我一个忙，你先退回讲师。"当时父亲还很年轻，在这方面不会太计较。

父亲一生的着力点和学问都在《资本论》上。《资本论》是很难看得懂的书，他就从《资本论》的逻辑性这一点上下功夫。

新中国成立前父亲参与营救王亚南的事情，我不是很清楚。应该说，我父亲在其中起了协调的作用，并不是主要的作用。当时国民党已经大败，准备退守台湾，但对左翼知识分子的迫害日益严酷起来了。据说，社会科学研究所里有个地下党员得到消息，说王亚南上了特务的黑名单。王当时在厦门，事情紧急，需要迅速通知他，这个任务就落到了我父亲的头上。

消息的源头是张圣才。张圣才做过国民党军统少将，新中国成立后担任过双十中学的副校长，活到一百零几岁，是厦门最传奇的人物之一。张圣才一直到逝世前，跟我父亲还有信件往来。他从国民党内部得知消息，但不好直接出面，于是通过我父亲来协助营救王亚南。后来，我父亲帮助王亚南出走香港。

张圣才给我父亲的这封信写于 1999 年 2 月 12 日，信封上盖的是隔天 2 月 13 日的邮戳，可见写了立马就寄，一刻也不拖拉。此时张老先生已经 97 岁，依然健笔如飞，字字齐整，不颤不抖，思路清晰，看得出全信一气呵成。字里行间，也看得出他对生命和生活充满了信心和渴望，客气话信手拈来，幽默风趣，妙不可言。

1999 年张圣才给郑道传的信

当时无论左翼作家、左翼教授，还是民主人士，一出事就跑到香港去。

我父亲为什么行动那么自如？因为他有一个结拜兄弟一样的朋友叫郑梦周(1920—1982)，是《江声报》记者。郑梦周帮我父亲搞了一张《江声报》特派记者证，所以父亲在闽南、福州行动非常自如。郑梦周是一个悲剧性人物。他非常热爱共产党，痛恨国民党，后来为了躲避国民党的追捕，跑到新加坡去了。在新加坡，他担任了作协主席，算是当地华人作家的代表人物。他一生没结婚，虽然身在新加坡，但一直非常关心祖国。到他生命的最后，可以回国了，却只能躺在担架上回来。这时，他得了癌症，消瘦得只剩个骨架子。和我父亲在厦门一家宾馆见面时，他很激动地嚷着："你眼睛怎么瞎了？你告诉我是谁害得你眼睛瞎了，我帮你申诉！"这一幕，我当时亲眼看到。这是他们分别 30 多年后的相会，也是他们最后一次见面。

郑梦周

郑梦周从某种意义上来说，是我父亲的一面镜子。他们有相似的性格，都是热血青年，也都经历坎坷，一生与国家民族的命运扭结在一起。

第三章

折戟沉沙——岁月难回首

一、不虞之誉：独挑政治课大梁

父亲在福州的那些年，在事业和家庭上双丰收，他的活力得到很大的释放。父母在福州结了婚，而且父亲的著作《殖民地问题》也出版了，他还评上了副高职称。虽然他所在的福建省研究院社会科学研究所是比较小的机构，但是里面有名的人很多，大家互相学习，互相促进。

1948 年郑道传和陈兆璋结婚照

　　他写完了《殖民地问题》以后,就收到很多稿约。上海人民出版社、福建人民出版社,还有一家,一共三家出版社同时向他约稿。于是,我父亲同时开始写三本书。

　　结婚后,父亲先到厦门来,不久母亲也跟到厦门来。母亲先是在福建省立厦门中学任教,就是现在厦门一中和五中的前身,依旧教高中历史,教了半年多就调到厦大历史系任教。当时很多厦大老师想把家属调到厦大来,但并不容易。

1951 年福建省立厦门中学师生合影

前排右四为陈兆璋

　　父亲一到厦大,就以巨大的热情投入了工作。可以说是风生水起,教学、科研跟行政齐头并进。

　　教学方面,他负责全校的政治课,这也是王校长对他的巨大信任。新中国成立初期,大学非常重视政治课。他一来就开了 4 门新课——"中国革命史""政治经济学""马克思主义哲学""新民主主义论",在厦门大学是开创性的。王亚南颁发给他相应的委任状一张又一张。不仅如此,他还兼任厦大工会宣传部部长。

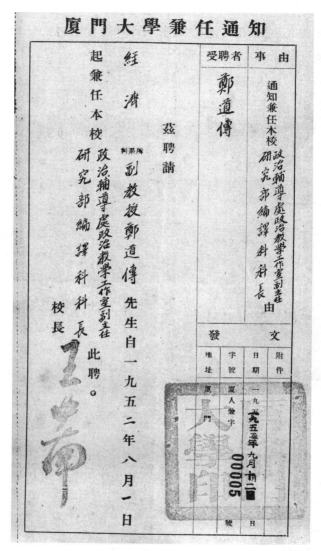

1952 年 8 月郑道传兼任厦门大学研究部编译科科长聘书

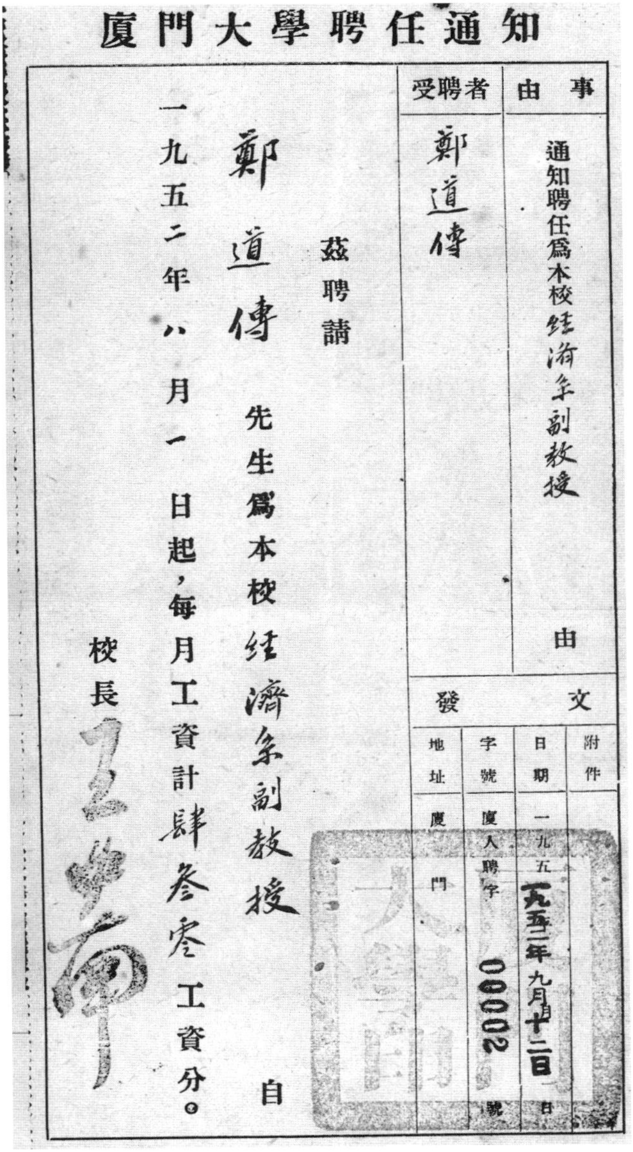

廈門大學聘任通知

事 由	通知聘任爲本校經濟系副教授		
受聘者	鄭道傳		
	由		
	文		
發			
附件	日期 一九五	字號 廈人聘字	地址 廈門
	一九五三年九月十二日	00002 號	

兹聘請

鄭道傳 先生爲本校經濟系副教授 自

一九五二年八月一日起,每月工資計肆叁零工資分。

校長 王亞南

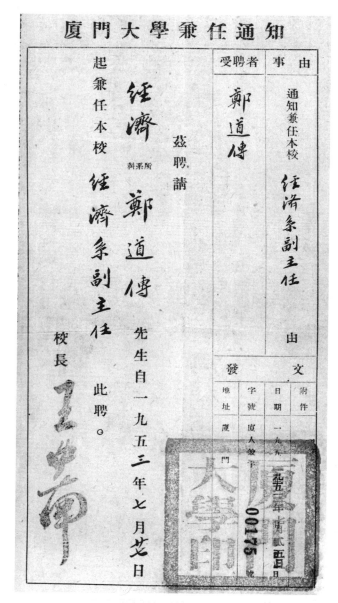

1953 年 7 月郑道传兼任厦门大学经济系副主任聘书

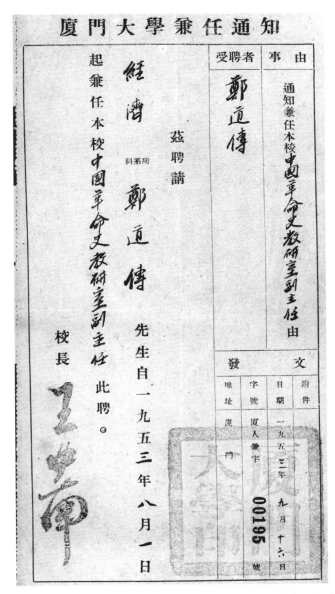

1953 年 8 月郑道传兼任厦门大学中国革命史教研室副主任聘书

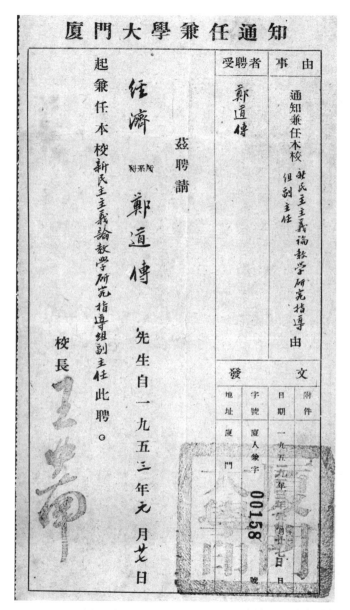

1953 年 1 月郑道传兼任厦门大学新民主主义论教学研究指导组副主任聘书

厦門大學兼任通知

事　由	受聘者
通知兼任本校馬列主義教研室副主任 由	鄭道傳

起兼任本校馬列主義教研室副主任　此聘。

經濟(科系別) 鄭道傳 先生自一九五四年二月十五日

茲聘請

校長 〔署名〕

文		發
附件	日期 一九五〔…〕六日	字號 厦人字第〇二一八號
		地址 厦〔…〕

1954 年 2 月郑道传兼任厦门大学马列主义教研室副主任聘书

　　我记起来这样一件小事。我小时候家里有两幅苏绣：一幅绣着斯大林的头像，另一幅绣的是苏联名画《白嘴鸦回巢》。我问父亲："怎么苏联的东西绣在我们中国的东西上？"父亲就告诉我，这就是用我们中国传统的苏绣来传播中苏友谊，他作为厦门大学中苏友好协会会长要带头买。

　　他作为一个非党员，却承担着全校最核心的政治课程，所以他着急要入党。陈孔立老师当时还是一名年轻教师，后来也被划成"右派"，20世纪80年代当了台湾研究所所长。陈老师在一篇回忆文章里说我父亲老是担心自己入不了党，每次看到别人入党，他都很紧张：怎么这个人入党，那个人又入党了，就是没有自己？

　　我父亲始终保留着1955年厦大第一次党代会召开时的红布条（来宾证）。他作为特邀党外代表参加了那次党代会。厦大百年校庆时，我把这个红布条捐给了校史馆。

1955年郑道传参加中共厦门大学第一次代表大会的来宾证

　　我父亲比较喜欢交朋友，我记得三四岁时，家里经常有客人来，大南10号总是高朋满座。我现在还保留着很多我小时候的照片。这些客人到我们家来的时候，通常带着照相机，会拍照，再把洗好的照片送过来。父亲被划成"右派"以后，就一张都没有了。

1953年元旦厦大经济系师生合影

二排右二为郑道传、右四为王亚南

　　烟酒茶的爱好，父亲一项都没有，但是他对生活是很热爱的。他喜欢看苏联电影，喜欢做菜。我家那么多藏书里面，有一册书给我留下深刻印象，那是一本20世纪50年代的食谱，里面第一道菜是"蚂蚁上树"。父亲的红烧肉也做得很好，正宗的湖南红烧肉；鱼也做得很好。他离开家乡太久，不能吃辣，我也不太会。

1956 年全家福

父亲会吹箫，而且上过建南大会堂表演。他也爱好体育，喜欢打排球。他还经常用苏联电影里面的豪言壮语来鼓励学生。崔之一教授在他的回忆文章中讲到，有一次珏主任郑道传老师来看望他们，然后就引用了苏联电影里面的一些名言，鼓励这些学生向着更高的高度进发。父亲很有演讲的才能，所以很受学生欢迎。政治课也上得很好，他能把比较枯燥的政治课上得很活泼。

父亲工作非常忙，但他还是会挤出时间看电影。有一次，有一部他很喜欢的电影正在上映，好像叫《恩斯特·台尔曼》，民主德国拍的。当时我正发高烧，他为了看电影，抱着我到建南大会堂去。回来后，他被我母亲大骂了一通。我对这部电影也有点印象，记得有很多工人上街游行，一路上高唱《国际歌》，还不停喊着"台尔曼万岁、台尔曼万岁"。

二、求全之毁：莫名"戴帽"

来厦大后不久，父亲担任了经济系副主任，在行政上面比较雷厉风行,得罪了不少人。1957年最后几天,他开始被停课。我母亲仍一直安安静静地教书,她无党无派。那时候在厦大像她这样的老师很少,要么是共产党员,要么就是民主党派。

父母亲偶尔也有一些口角。我记得改革开放初期,我家搬房子,父亲有点感激涕零的意思,我母亲就说这只是解决很基本的需求,有什么好感动的。我父亲是个有坚定信仰的人,同时也是一个很感性的人,为信仰而活着,而母亲一直很理性。

所以,我父亲一生就是死不承认自己有罪。他确实没有讲过任何反党的话,甚至连提意见都没提过,只不过是传达了民盟中央的意见而已。一次厦大民盟的内部会议上,父亲作为厦大民盟宣传部部长,传达了民盟中央的文件,他是完全照着文件逐字逐句读的,但后来传到党委那里去,就变成了郑道传对党进行"攻击"。

父亲被打击的时候,我才5岁。我记得很清楚的是,家门口芙蓉三对着我家这一面的石墙上面贴满了大字报和漫画,还有很多红叉叉。虽然那时候我不识字,但是漫画这东西起到一种非常通俗的震慑效果。上面有我父亲的漫画形象,身上背了一个乌龟壳,乌龟壳上面有一支箭,代表人民的反击。

我父亲是一个先进典型,一个坚定跟党走的知识分子,所以他根本就没想到自己会被打倒。他觉得自己就是革命的左派,以前就是一个左翼青年,一直这样过来的。他是如此热爱新政权,热爱共产党,心里有着强烈的认同,所以遭受这种打击,他是委屈的,就觉得这口气怎么也咽不下来。他一直争取入党,足足争取了50年。

但木已成舟,我父亲想要独自承担这个后果,对湖南老家那边总是守口如瓶,报喜不报忧,赡养祖母的费用一分不少。因为父亲的新身份,我哥哥在东澳小学受到欺负,因为在少先队的职务也被撤销了,他就趴在课桌上哭。这对我父亲刺激非常大,他觉得这个事情已经伤害到他的孩子了。

受到打击之后就是被迫搬家,我第一次尝到了搬家的滋味。从大南 10 号小别墅搬到国光三楼 17 号。那个房子还可以,两房一厅,后面有一个小天井,布局有点古怪,非常潮湿。现在重新改造过,外面看着没怎么变,里面格局变化却大得很。

三、与王亚南的关系

我父亲接受劳动改造以后,工资从 188 元降到 133 元,降了两级,撤销经济系副系主任职务,撤销教师资格。不久,父亲眼睛看不见了,我和母亲成为他的"秘书",再后来我母亲也被关起来。遇到上门来催要"交罪材料"的,都是由父亲口述,我来记录。动不动就会有一个红卫兵来我家,让我父亲如实交代。他们无论在哪里看到一句话都可以来逼问你,第二天你就要把"交罪材料"交上去。

那年我 14 岁,读初一。有一天我在国光三那边玩,看到六七个红卫兵押着我父亲,我父亲低着头走在前面。红卫兵一到我家就翻抄东西,包括我哥哥的日记也被抄走了,我家一点点黄金和粮票也被抄走了,还有我父亲的剪报和书籍。我当时很紧张,怕他们把我收集的邮票抄走。红卫兵对我哥哥比较苛刻,我比较小,他们对我就采取团结的办法,希望我能协助他们把工作搞好,所以我的邮票就没被拿走。

我是没有资格参加红卫兵的,我算是"黑五类","地富反坏右"之一。虽然 1962 年我父亲已经"摘帽"了,但是来我家抄家的红卫兵说过一句话,我记得很牢,他说:"你这个'帽子',掌握在我们革命群众手里,什么时候想给你戴就可以重新戴上去。"所以那个时候我们一家真的是很害怕,惶惶不可终日。

1962 年上面传达了这样一个信息,就是这些"摘帽的"也可以教书了，只要好好表现就可以既往不咎。我父亲就说了一句："我不是恢复不恢复教书的问题，我是要恢复原来待遇的问题，我根本就是被错打的。"

其实，我父亲自从跟着王亚南学了《资本论》，就认定自己是一个坚定的马克思主义者。1948 年父母亲在福州结婚，王亚南送的新婚贺礼就是一本刚刚出版的《中国官僚政治研究》，并亲笔题签"以此书祝贺并纪念道传学弟结婚之喜"。

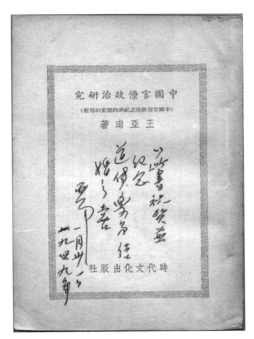

1948 年王亚南赠书祝贺郑道传、陈兆璋新婚

福州搞土改时，我父亲在王亚南领导的福建省研究院社会科学研究所里面也参加了土改工作。虽然他不是党员，可他很得意，整天穿着一套旧军装，好像自己就是解放军战士一样。

厦大 100 周年校庆的时候出了《王亚南传》，这本书仔细梳理了王亚南的一生,里面讲到周恩来总理任命王亚南为校长的情况。那时候,有"北马南王"的说法。北京大学是马寅初当校长,南方的厦大是王亚南当校长。

新中国成立后厦大首任校长王亚南

王亚南从北京坐火车到厦大上任的路上,先停福州。到福州就把他领导的福建省研究院社会科学研究所的人马全部动员到厦大来。其中最得力的两个人,一个是章振乾,另一个是我父亲郑道传。所以说,他们三个关系非常好。章振乾是做教务工作的天才,全面主持厦大教务处,王亚南非常满意他的工作。我父亲是第一批随王亚南来厦大的,接下来第二批里面就有我母亲和哥哥的名字。

听说,当时王校长对厦大的本科教学很不满意,就叫我父亲在西膳厅给全校的老师上示范课。这件事情我是听徐元度(即徐霞村)老师讲的。他说:"你父亲不得了啊,全校老师都听他的示范课,最后一句讲完,刚好下课铃就打响了。"

1947 年王亚南与章振乾在福州合影

四、父母的学术兴趣

父亲这一生是把《资本论》研究当成自己的信仰，他是真正地把学问跟人生融合在一起了。这是很难得的。现在很多人做学问跟做人是分开的，人格是割裂的。所以，我觉得父亲作为学者是幸福的，他能为自己的信仰去努力。

这里有个例子。我儿子刚好出生在 11 月 7 日，是俄国社会主义革命纪念日。我请父亲起个名字，父亲说："你哥哥的孩子叫望先，你儿子叫望宁吧。"为什么叫望宁呢？这个"宁"就是列宁的宁。

父亲在 1962 年"摘帽"以后又开始上课了。他虽然眼睛不行，但课依然上得很好。学校给他配了一名助手蔡若虚老师，她是陈可煜教授的妻子。陈可煜教授是厦大经济系一个很有才华的老师。"文革"结束后，厚积薄发的陈老师取得了很大的成就。20 世纪 80 年代末他离开了厦大，去了香港，当了《经济导报》的主编。2014 年去世前，他还把所有的藏书都捐给厦大。

　　我小学三年级开始就帮我父亲备课,要读马克思的书给他听。我读得断断续续,很多东西读不出来,但是他能准确地猜出来。他等于是用我的眼睛来看备课的资料。这是正常人难以想象的经历。

　　我是比较听话的,母亲叫我干什么我就干什么。我这一辈子,一直觉得能为父亲和母亲做一点事情是最高兴的。我父亲去世后,我编了本书叫《热血与坚忍——郑道传纪念文集》;母亲去世后,我也编了本书叫《渐行渐远的背影——纪念陈兆璋教授》。

《热血与坚忍——郑道传纪念文集》

　　从学问来讲,我没有得到父亲的真传,对母亲毕生从事的世界史研究也没有兴趣。我父母也从来不强迫我去看他们感兴趣的东西。不过,英语是他们给我培养的兴趣。因为父母亲经常会用英语开玩笑,或者用英语对话,我就觉得他们可能在说不想让我听到的东西,所以我就对英语很有兴趣。在我读初一的时候,双十中学有7个班,5个班读英语,2个班读俄语。我本来是在俄语班的,我母亲跑到学校去把我改到英语班。后来我高考报英语专业,完全是对英语感兴趣。我真的是靠兴趣生活的人,从来没把英语当作谋生的工具。

当时我知青回城后在厦大外语系食堂工作,我这个人比较外向,在食堂卖饭的时候就经常跟外语系的学生聊天。那时候已经有录音机了,学习英语的门路多起来了。

父母有时候也有些学术上的交流。虽然马克思主义研究和欧洲中世纪研究相距甚远,但是它们在逻辑思维上面还是可以互相沟通的。我母亲写完论文会听我父亲的意见,我父亲可以分析我母亲论文的逻辑,做出逻辑上的洞察和思考。

我母亲是20世纪80年代厦大第一批文科教授,同一批的还有中文系的应锦襄老师。应老师是燕京大学毕业的,很优雅。母亲应该是1989年评上正教授的。

陈兆璋《世界中世纪史散论》(章长城摄)

五、父亲的劳改生活

"戴帽"后，父亲就开始在学校劳改，主要工作是推粪车。那时候，国光一、二、三楼后面各有一个大粪池。现在的芙蓉湖，当时全部都是东澳农场的菜地。他就从国光楼后面的粪池里面掏大粪，然后用粪车推到芙蓉湖那的农田里面去浇菜地。父亲这个知识分子养尊处优惯了，一下子要挑粪种地，非常狼狈。我记得母亲给他配备了一个草帽和一个垫肩，草帽可以防晒，垫肩可以保护肩膀。

当时那里水渠纵横，小鱼小虾很多，是儿童的乐园。整个厦大的空气里面都是各种蔬菜的味道。

芙蓉三、芙蓉四后面的排球场，原来是东边社，种菜的农民都住在那里。1999 年，在林祖赓校长的努力下，东边社整体搬迁。每个搬迁家庭都可以留一个人在厦大工作，比如厦大邮局、厦大水电组、厦大车队的很多员工是东边社搬迁农民。这个校中村很赚钱的，村民在里面做各种生意，面向厦大学生。很多厦大学生对东边社留下了奇特而美好的记忆。

大概 1959 年到 1960 年那两年是父亲最痛苦的时候。1958 年哥哥在少先队的职务被撤销这件事，我印象很深。我还记得一件事，有一次厦大召开党代会，幼儿园小朋友要去祝贺。结果，我被半路拦下来，他们说郑道传的儿子不能去。因为父亲的问题，所以我进小学时有点害怕，但是没想到我碰到一位非常好的老师。那位老师自己也非常可怜，丈夫受到处理。她用充满母爱的方式保护我们这些"黑五类"子女，给我的印象很深，所以我这辈子非常感激她。现在我们老同学给她塑了一个铜像放在演武小学里。

六、重登讲台

重登讲台也是父亲自己积极争取来的。本来,"外国经济史"这门课是由蔡若虚老师主讲的。蔡若虚是陈可焜教授的夫人,比我父亲小十来岁,她出生于一个很大的华侨家庭,新中国成立后从厦大经济系毕业留校任教。陈可焜是福州人,研究生毕业,他们夫妇可以说是郎才女貌。丰庭女生宿舍的一个管理员,叫陈玉治,是我当年在厦大印刷厂当临时工时的班长,她就跟我说过陈可焜和蔡若虚老师的爱情故事。他们俩的婚姻在厦大也是比较传奇的,你想,一个是穷学生出身,一个是富家子女。蔡若虚老师的哥哥好像在菲律宾拥有岛屿,是很富有的华侨。她哥哥还给她买了一栋楼房,在中山公园的公园西路。

系里让蔡若虚老师和我父亲一起备课,蔡老师就每天早晨到我们家来读"外国经济史"教学大纲,我父亲就做笔记。笔记怎么做呢?

当时,我家里订的报纸有《人民日报》《光明日报》《文汇报》《厦门日报》。每天早晨邮递员把报纸送到我家里来,然后我母亲先看,看了以后,她会把一些重要的东西勾勾画画,然后剪下来。

我是第二个看的。那时候《人民日报》上面有很多漫画,因此我们这一代人对华君武这些漫画家很熟悉。我喜欢漫画,就把漫画剪下来。

剩下来的报纸就全部归我父亲了。他把剩下的报纸,一张切成四等分,差不多一张书页那么大,然后一沓沓堆起来。每次拿一张来用,在上面用毛笔写写画画,主要是把教学大纲和要讲的内容写在上面。那时候他左眼完全看不见了,右眼还剩下 0.01 的视力,有微弱的光感。在报纸上写得很大的字,他贴近看基本上能辨认出来，毕竟那是他自己写的。这就是他当时的备课方法。但这些备课笔记，他并不带到课堂上去。他基本上是上课前再过目一下，做到心中有数就行。他上课很有激情，本来很枯燥的东西被他讲得有声有色。

蔡若虚老师做我父亲助手的时候，每天早晨 8 点来，10 点多回去，周一到周五几乎天天如此。蔡老师除了帮我父亲备课外，还帮我父亲改学生作业。学校这样安排，大概也有以老带新的意思吧。我们两家相距只有 50 米，我们从小都是喊蔡老师为"蔡阿姨"。蔡老师人很善良，她还为我父亲买了一根拐杖，挺高级。后来，学生演话剧的时候，因为有一个地主角色需要拄着一根文明杖，就来我家借去了。演出的时候，演地主的同学一直要用拐杖敲敲打打，竟把这根拐杖给敲断了。

那么好的一根拐杖，要好几块钱，学生没钱，买不起拐杖来赔，蔡老师就帮这个学生解了围。这虽然是一件小事，却让我印象很深。

由于我父亲上课效果非常好，教务处也非常满意，还对我父亲进行了表扬。当时，教务处发的简报有两种：一种是油印的，另一种是贴在工会俱乐部的告示栏，就是克立楼附近的工会俱乐部。告示栏上面一般会贴两种东西：一个是教务处的公告，另一个是厦大周报。教务处在公告栏上面贴了表扬信，表扬我父亲的上课情况。除了贴表扬信，还通过学校广播进行表扬。我们全家听了都很高兴，感到光荣。记得那天中午听了广播以后，下午重播的时候，我还带着父亲来到广播筒下面，再听了一次。

1962 年到 1965 年，父亲都是这样上课的。在蔡老师帮我父亲备课之前，是我母亲和我帮父亲备课的。但是，母亲本身上课负担重，太忙，而我又太小。记得为了帮父亲备"外国经济史"的课，我读那些材料，很多东西我都不清楚。比如，念到法国里昂大罢工的"里昂"时,我读成"李阳",父亲就得使劲猜。这样效果当然很差。所以系里提出蔡老师给我父亲做助手,真是一个万全之策。

七、去上海治疗眼睛

在我父亲重新上了一段时间的课后,王亚南校长就批准我父亲去上海治疗眼睛。我父亲这种病如果放到现在的话,在厦门眼科医院就可以治疗。我哥哥的眼病和父亲的一样,就是在厦门眼科医院治疗的,而且效果一直很好。这种病其实就是一种普通的角膜白斑。现在,厦门每天都可以做几十例,但是一直缺乏眼角膜,捐眼角膜的人太少了。

父亲那次去上海做手术的事,我记得很清楚。一天中午,父亲让我牵着他的手去王亚南校长家。校长楼大家都知道,但是没有人敢随便进去,我父亲就直接进到他家里去。王校长对我们非常热情,他是一位非常慈祥的老人。他们那种亲密关系是我想象不到的。当然,他们不会谈到"右派"的事情,大家都心知肚明,可能这就是一种默契吧。手术申请很快批准了,直接去上海,坐卧铺去。

做这个手术要上千元,全部公费报销。父亲为了这次手术,去过两次上海。1965年暑假去检查,回来等待角膜,真正动手术是1966年初。父亲是一个人去的,全家把他送上火车,交代列车员照顾。前后住院30多天,基本上是医院的护士照顾的。当然,他在上海的一些同学朋友也去探望了他,包括他的老师施蛰存。

父亲手术后回到厦门,视力已经恢复到0.3,看得很清楚了。他左眼做了一个角膜移植,但是右眼彻底坏了。但是,手术完成后不久,父亲又被抓去批斗。

当时,大字报里还说到郑道传突然又宣布眼睛失明了,这是对党和政府的"恶毒攻击"。从上海回来后，一个是政治刺激，另一个是得不到养护，结果动过手术的眼睛又开始发炎。这次就再也无法挽回了，移植后的新角膜彻底坏掉了，再移植也不可能了。

还记得父亲去上海治疗眼睛回来以后，给我们兄弟俩都买了礼物，给我的是一本集邮册，5块多；我哥哥爱打乒乓球，所以给他的是一个红双喜牌球拍，也是5块多。那时候，我哥哥在双十中学读书，但是没考上高中。他还不知道严重性，结果出来那天看完电影还去打乒乓球。父亲那个时候应该非常压抑，自己的儿子没考上高中，对他来说也是不可思议的事情。等我哥哥回来以后，父亲就拿菜刀把那个乒乓球拍给劈了。这是父亲在家里发过的最大的脾气。

八、我所目击的批斗会

"文革"期间，父亲的问题又被翻出来了，"摘帽"给他带来的短暂平静结束了。我记得，当时动不动就有红卫兵在我家门口贴大字报，上面写着："勒令郑道传几月几日之前，到厦大红卫兵总部交代'罪行'。"有一次在厦大灯光球场开了大型批斗会，包括他们原来的系主任在内，所有的老教授全部都打赤脚。这应该是1966年7月，校园里凤凰花开得鲜艳而刺眼。为什么凤凰花开我会记得这么牢呢？因为凤凰花后面有一个长长的花秆，很有韧性，可以用来做橡皮筋。我们就把花秆采下来，然后放在牛皮弹弓上，互相打弹弓。

批斗的对象主要是"黑五类"，后来那些斗我父亲的人不少也变成了"走资派""反动学术权威"。他们也倒霉了，被一锅端。那时候王亚南的罪名主要是"反动学术权威"，他被贴了很多大字报，被勒令从上海回来交代。

那天批斗我父亲的时候,从上午九点左右开始。被批斗的人也是一个个上台,然后光着脚跌跌撞撞地被押下去。批斗完了之后,就开始在厦大游街,游到幼儿园附近就结束了。这时,我父亲他们就还是挂着牌子,穿着泼满墨汁的衣服,狼狈地回家去。这是我印象最深的一次。

我父亲被批斗的时候,母亲没有去看,我也不能去牵他。受批斗的人被一根绳子串连起来,我父亲在其中走得跌跌撞撞。在那些日子里,母亲所能做的就是在生活上默默地照顾好父亲。

我父亲这种1957年就被打倒的,算是"死老虎"吧,红卫兵批斗了几次,就没有太大的兴趣了。他们会更注意批斗"走资派""反动学术权威"。

芙蓉三的一楼,一间可以住四个人,"走资派"和"反动学术权威"就住在那里面。他们每天都要"交罪",汇报政治思想,还有就是去厦大菜地里干农活,进行劳动改造。

我父亲因为眼睛不行,所以没有去芙蓉楼集中居住,还是住在家里。他们经常要我先带他去各种批斗会、"交罪会"。每次出门批斗,母亲都很担心父亲会想不开。群贤二303教室,是当时全校最高的教室之一,那间教室的窗户开得很大,一旦跳下去真不敢想象。我们家是一个很有爱的家庭,我想父亲也不至于抛下我们。很多想不开的人,往往都是内外夹击,在家里得不到温暖,在外面受到攻击,就很容易走上极端的道路。

那时候,其实我对父亲也有些隐隐怀疑:他到底是不是个坏人?记得父亲买了一个三波段的收音机,那时收音机是管控物资。每天晚上,他把声音放得小小的,就趴在书架旁,把耳朵紧贴着收音机听,听美国之音、英国国家广播电台、莫斯科广播电台等,生怕外面听到。美国之音的信号比较模糊,英国国家广播电台和莫斯科广播电台比较清晰,都是用中文广播的。那些开始曲,到现在我还能哼唱出来。他最喜欢听的是英国国家广播电台，主要是听新闻节目，他想通过这些了解更多世界大事。新华社的消息，已经远远不能满足他认识外面世界的渴望。

这些行为在当时可以说是冒天下之大不韪，再加上父亲听这些广播时候的神态，让我很怀疑父亲是不是好人。后来，我长大了些，也开始听这些电台，父亲不在家时我就听。莫斯科广播电台主要播放"文革"时禁止的一些歌曲，如《梁祝》之类的音乐。所以，小提琴协奏曲《梁祝》，我最早是在莫斯科广播电台听到的。有一次，我跟同学说起听《梁祝》的事，结果那个同学把我的话告诉了他的父亲。他父亲去学校检举说郑道传的儿子偷听苏修广播，红卫兵还来我家调查，把我父亲吓个半死。一旦证实，这就会变成唆使儿子"偷听敌台"，我们父子两个人都摆脱不了干系。我父亲死咬着说没有，我也说没有，最后这件事就不了了之。

普通收音机只能收到国内的广播节目，但电子管收音机可以收到外面的广播。那时候，国家对电子管收音机管得很严。比如电子管烧掉一个，换一个新的，需要很多证明。我哥哥喜欢无线电，便自己装了一台收音机。1965 年他没考上高中，就到了省四建，半工半读。他还因为"偷听敌台"，被学校的工军宣队劳改过一个月，地点就在如今的网红打卡地——沙坡尾。

九、父亲单独留守厦大

1969 年至 1970 年，我母亲、哥哥和我陆续下放了。父亲也拼命地争取下放，他觉得下放是他改变政治待遇的一线希望。那次，在中山公园开欢送会，他也挂了红花，准备到武平去了。武平接待方一看我父亲是一个盲人，坚决抵制，结果我父亲受了很大的刺激。

就在这时,厦大发生了一件事情:正在隔离审查的干部林莺,中文系的一位老师,突然自杀了。林莺自杀以后,整个厦大非常震动。他在厦大很受师生欢迎,作为知识分子的标杆,他思想进步,学问又做得好。这件事发生之后,就有红卫兵跑到我家里来看我父亲的情况,他们怕我父亲也会自杀。

这时我父亲一个人孤苦伶仃地住在国光三17号,他的眼睛还有一些微弱的光感,但没法自己料理生活,所以雇了一个保姆。这个保姆叫张网腰。她的丈夫原来是渔民,身强力壮。大概在1948年,她丈夫跟军警有一些口角,结果被军警打死了,市民就上街游行。国民党当局给了赔偿,她就带着一儿一女生活,没有再嫁。后来,她来到我家做保姆,做饭、洗衣服和打扫卫生,一个月9块钱工资。那个小时候照顾我的保姆青梅,是吃住在我家里,而张网腰是不包吃喝和住宿的。

过了一段时间,又发生了一件很荒唐的事情:有一天,厦大的一个黄姓司机经过我家门口,他觉得这个房子不错,自己想住,就跟学校革委会主任打了一个招呼,把我父亲赶出来了。我父亲就搬到丰庭第一楼的一间宿舍,是旧女生宿舍。

那时候,房子都是学校分配给你住的,你只要交一点点房租。很长一段时间,我们全家挤在一间宿舍里。那栋女生宿舍楼,女生住在三楼,二楼住教师家属,一楼住单身教职员工。

母亲在武平下放了两年,1970年和1971年,父亲等于单独在厦大生活了两年。春节的时候,我们全家才会团聚一下。那两年,我也不知道父亲是怎么生活的。邻居都认为我父亲很可怜,说:"你看一个瞎老头丢在这里。"保姆曾告诉我,我父亲一个人的时候就对着墙壁叫我的名字,听得我心如刀绞。

每天,他拿着一把钥匙去经济系开门,在芙蓉三的一个阅览室里面值班。他自己摸着出去,路线很熟,那时校内也没有什么车。

他的眼睛还有一点点光感，大概《人民日报》放到眼睛底下，可以模模糊糊看到"人民日报"这几个大字。

我当时在武平插队，最担心和惦记的就是留在厦门的失明的父亲。离开厦门之前，我跟父亲是形影不离的，特别是他失明以后，我就成了他的拐杖。因此，我回厦门的次数逐渐增加。这个时候，我承担了一个很重要的任务，就是替我母亲当说客。我去找厦大革委会主任，他就住在现在西餐厅那个地方。每天等他下来散步时，我就冲上去缠住他，说："我父亲是盲人，我母亲在武平下放，你一定要帮我把母亲调回来照顾父亲。"这都是母亲教我说的。

我还联系到我母亲的几个学生，比如孔永松老师，他当时是历史系革委会副主任。我到他家去拜访，也请他想办法把我母亲调回来。后来在多方努力下，我母亲终于调回厦门。

母亲1972年调回来，可能还有一个原因，就是学校响应毛主席"七二一指示"，仿照上海机床厂的方式，招收工农兵学员，所以厦大开办工农试点班，也需要老师了。第一批工农试点班有30人，是从厦门各个工厂抽调过来的。

母亲回来给工农兵学员上课，负责教美国史，主要教什么呢？就是教印度支那三国人民如何和美国帝国主义做斗争。我那时喜欢看报纸，记忆力非常好，几乎过目不忘。比如，我跟母亲解释什么是印度支那的"三国四方"会议，母亲夸我懂得多。

厦大工农兵学员一共招收了五届，即1972届到1976届。这五届学员我都很熟悉。因为那时我在厦大外文系食堂卖饭，这些学员都从我手里买过饭。里面也有一些同学非常不错，像后来著名的历史学教授陈支平就是厦大的工农兵学员，还有邓孔昭教授，也是从历史系工农兵学员中脱颖而出的。

十、我家的保姆

一开始，我家雇了两个保姆：一个照顾我哥哥，一个照顾我。到"文革"的时候，我们都下放了，留下父亲一个人在厦大，他双目失明，无法自理，所以又雇了一个保姆照顾他。

当时，不是所有厦大老师都能雇得起保姆的。"文革"刚开始的时候，我母亲的工资没减少，每月依然有100多块，父亲虽然降了两级，但还有133块。保姆每月工资顶多不会超过12块，所以请保姆对我家来说，没有很大压力。

照顾我们兄弟俩的保姆，吃住都在我家里。记得保姆一直使劲给我塞饭吃，我还没吞完，另一口又来了。我趁她不注意就跑到花园里，把饭吐出来。

其中一个保姆叫青梅。她住在厦港街道，十七八岁时嫁给了一个国民党军官，后来这个军官随着大部队撤退到台湾去了。她在这边苦等，没有生活来源，就来我家做保姆。她也是苦出身，所以很能干，人也很善良。有一次，她跟我父亲说，要卖一件西装给我父亲，那是她丈夫留下来的。那时候，很少人有西装，一件西装可以卖很多钱。但我父亲不敢要，因为那是国民党军官穿过的。

青梅一直没能等来丈夫从台湾传来的消息，于是就决定改嫁，嫁给一个渔民。结果不久就遇上了1959年"8·23"超级台风。那次台风在夜晚登陆，很多渔船都没回来，渔民死了很多，遗体漂到厦大医院后面的沙滩上。青梅的新婚丈夫那天也出海了，所以她就哭着拉着我去认尸。我记得那些遗体上都盖着草席，只露出一双脚来，她就一个个去辨认。没想到她丈夫死里逃生了。原来，他那条渔船被台风掀起来以后，重重地摔在沙滩上，形成了一个堡垒一样的东西，他在下面反而活下来了。

十一、住房变迁记

1950 年到 1957 年，我们家住在大南 10 号的花园别墅，即便是在今天，它依然是厦大思明校区最好的别墅之一，这是家住大南 9 号卧云山舍的王亚南安排的，为的是方便他联系我父亲。1957 年之后，情况急转直下，我们家被迫搬出大南 10 号，搬到国光三 17 号，一住就是 12 年。一家四口像一条小船，相对平静地靠泊在厦门大学这个不大的港湾里。结果，"文革"时，我被甩到了闽赣边界的武平，哥哥去了闽浙边界的寿宁，母亲下放的公社与广东的蕉岭县为邻，失明的父亲被赶到单身宿舍里伴随着寂寞的海风独自摸黑生存。只有到了春节，一家四口才能团聚在这个 12 平方米的单间里，度过那一个又一个的漫漫长夜。

"文革"后期，我们在外的三人陆续调回了厦门，行李一多，12 平方米的空间实在挤不下。父母几经努力和哀求，终于借得宿舍楼楼梯底下一个低矮的杂物间供我栖身。要知道那可是木制的楼梯，上上下下的脚步声动不动就从头顶传来；常有半夜踏步高歌的，那声浪更是震得我噩梦连连。哥哥住在市郊的工棚里，星期天回家就拆掉饭桌，打一个地铺过夜。

记得当时我匿名写了一首诗歌《楼梯的话》，贴在楼梯边的玻璃镜子上，宣泄着遭受噪声困扰的苦痛，一时间轰动了校园，前来观赏这首讽刺诗的人络绎不绝……

1972 年以后，厦大下放的老师也陆陆续续地调回来了。这带来了一个问题，即厦大住房情况非常紧张。结果就在芙蓉四弄两个房间，把老师的男孩子们集中在一间，女孩子们集中在一间。这真的是一种非常特殊的方式。

1976 年全家福

1977 年,学校在丰庭一给了我们家两个房间。家里的面积一下扩大了一倍,哥哥结婚由此有了一间难得的"新房"。不久,被中断了十年的高考恢复了,让渴望读书的人们有了一个平等竞争的机会,教师这一家庭出身也由不利因素变成了有利条件。经过一番拼搏,我和哥哥先后接到了录取通知书,双双从打工仔变成了大学生。我还得以告别那个杂物间,搬到了囊萤楼学生宿舍。杂物间变成了父母的书库,被封存了十年的书在此重见天日。

1978 年 12 月党的十一届三中全会使知识分子的命运有了根本性的大转折,有关方面开始着手把新房优先分给教师。父母随即分配到一套崭新的套房,虽然只是 30 平方米的一厅一室,但足以令全家欢天喜地。厅里拉上一条塑料布,一大边为哥嫂和刚降生的侄儿拥有的"安乐窝",一小边为过道;我在父母的那一间里打个小床铺,供周日一睡。虽然还是很挤,但人人心情都极为舒畅,半夜小侄儿撒尿,好似泉水叮咚,全家人乐陶陶共闻这新生命拉出的"小夜曲"。

　　20 世纪 80 年代,分房是看每个人在学校工作的年限。父母亲虽然在政治上没优势,但是在工龄上有优势,所以我们很快改善了住房条件。

　　1982 年初春我大学毕业结婚时,家里住房已扩大至两个小套加一个单间,总面积接近 80 平方米。校园新住宅的建设一如雨后春笋,父母一搬再搬,搬至一厅三室,住房十分宽敞。哥嫂在市区分得了新居,先是一厅一室,接着换成一厅两室,最后搬到花园新村的一厅三室,10 年里三扩住房。我的三口小家也从 14 平方米的单间,搬到了 30 平方米的套间,到最后分得 74 平方米的套房,真是心满意足了。安居乐业的我们工作积极努力,父母被聘为教授,带出的研究生事业有成,父亲还被评为全国"自强模范",哥哥被评为省级优秀教师,我的科研论文先后获省一等奖和国家二等奖。

1985 年郑道传一家在厦门寓所的全家福

第四章

而今迈步从头越

一、恢复工作

1957 年以后，父亲其实从没间断过要求恢复一个教师的正常待遇，走上讲台上课，不管是向校领导、红卫兵还是向革委会领导。这些要求让他变得唠唠叨叨，像祥林嫂，没人搭理他。但是"文革"结束以后，这些要求都有人来回应，有人来解释，渐渐地也有人来我家里做工作。

特别是到了 1979 年正式改正，厦大工作做得很快，马上就恢复了一批"右派"的工作，比如郑朝宗恢复了中文系主任职务。学校组织部派人到我家里了解情况，我父亲要求马上恢复工作。很快，学校同意了，让他去经济系上课。但是，经济系拒绝我父亲回去上课，理由是"文革"中我父亲说了王亚南的坏话。这件事情，事实上我是最清楚的。因为那个时候，父亲要不断写"交罪材料"，不写过不了关。父亲只是轻描淡写地写了一个关于王亚南的"交罪材料"，父亲念，我写。

学校就马上统筹安排，把我父亲调到哲学系，因为哲学系里有马克思主义哲学，也教《资本论》。

哲学系的系主任叫邹永贤。他比较开明，而且有知识分子情怀。上课后,父亲又开始"故技重演",用那种很粗的炭笔在废报纸上写上几句要点,就可以上讲台了。

当时潘懋元做教务处处长,曾问哲学系一名学生郑道传课上得怎么样。那名学生说上得太精彩了。父亲很久没有上课,压抑太久,反而爆发出无穷的力量。父亲跟我说,他眼睛失明了以后,记忆和口才反而得到了增强。除了眼睛以外,其他的器官使用起来更得心应手了。

1979年父亲的"右派"身份得以改正时,我在外文系读大二,外文系收到了一个通知,宣布郑道传的问题得到改正。我母亲单位、我哥哥单位也分别收到一张。厦大给所有直系亲属发出改正通知,消除影响。这一点,厦大做得是很周到的。当时,厦大的一把手是曾鸣,他兼任校长和书记,从福建师大调过来。他跟厦大里面的恩怨没有什么关系,所以一身轻松地处理厦大的历史遗留问题,完全按照中央精神办理,该改正的改正,该平反的平反,绝不拖泥带水。

二、父亲学术生涯焕发生机

20世纪80年代,录音机的出现帮了我父亲很大的忙。这个时候,学校没有给他配助手,主要还是母亲和我来承担父亲教学助手的任务。

那时录音机很贵,一台400多块。父亲要看什么书,就提出来,比如《资本论》需要读第几章,然后我就按父亲的要求读,并且用磁带录下来。这样,父亲可以反复去听。现成的录音资料,我家也买了很多。购买录音机和磁带的钱是不能报销的,完全自己掏。

20 世纪 80 年代郑道传摸索着备课

　　父亲得到改正以后，以前降级的工资没有补偿，不过工资级别得以恢复，而且不久父母都评上了正教授，所以经济情况算是比较好的了。父亲的工资慢慢涨到 180 多块。普通青年教师工资很低，父亲工资是他们的三四倍，于是经常有一些青年教师向父亲借钱。1982 年，我从厦大毕业之后拿的工资好像是 48 块。我是先当工人再读书，当工人的时候是 26 块，拿了 6 个月，然后转正拿 31 块，当时是简单操作工。31 块以后，你要想再涨的话，就很困难了。我在厦大食堂里面做炊事员，也是拿 31 块。

　　那时老百姓领到工资的第一天就是去买米，先把家里的米买齐了，所以每月 5 号那一天厦门的米店都要排长队。

　　父亲逻辑性很强，理论功底深厚。他写论文，基本是和他的研究生合作，也有和一些青年教师合作的。他在《厦门大学学报（哲学社会科学版）》上发表的论文《从系统的过程—结构看〈资本论〉中逻辑与历史的统一》就是跟他的研究生张晓金（原名张小金）一起合作写的。他们师生关系很融洽,张晓金也当过"右派",是老三届,所以父亲还开玩笑说,一个"右派"老师招了一个"右派"学生。父亲除了在学术上指引他,在生活方面也对他非常关心。

那时,厦大刚恢复招生,每年研究生招生名额很少。其实,父亲在1965年的时候就跟王亚南校长讨论过,等他眼睛好了要招研究生。母亲招研究生要比父亲晚几年。因为历史系可以招研究生的老师很多,像韩国磬呀,资历都很老;但哲学系能够招研究生的老师相对没那么多,父亲算是资历比较老的,所以哲学系一开始招研究生,父亲就做了研究生导师。父亲一共招了三届研究生,一届一个。张晓金是父亲的第一个研究生,因为学术上非常出色,所以留校了。

1988年郑道传、陈兆璋和他们的研究生

父亲爱上课,越到后来,他越是喜欢给研究生上课,因为可以有比较深入的讨论。他一生长于逻辑思维,越到晚年,越是害怕自己有一天无法思考了。他不怕眼睛看不见,就怕脑子坏了,不能思考。

中央人民广播电台在每天下午有一个马克思主义哲学讲座，父亲一直坚持听。每次学校有讲座，尤其是与哲学有关的讲座，他是必去的。他通过这些方式来不断汲取新知识。有一次，哲学系请了一位很有名的外校教授来做关于黑格尔的系列讲座，父亲听后回来还跟母亲说哪里讲得好，哪里讲得不好，他都有自己的判断。

父亲真的是如饥似渴地学习的。每次听讲座，他都要坐在第一排，这样听得清楚。这些学术讲座可以激发他的思维，促使他做出新的思考和学术判断。这期间，他还和张晓金一起出了一本书，叫作《〈资本论〉方法论研究》。这给他带来了比较大的学术影响力。

郑道传、张晓金合著《〈资本论〉方法论研究》

他还与高中同学萧焜焘重逢。两个人当年就志趣相投，30多年后重逢，萧焜焘已经是江苏省社会科学院副院长了。父亲就把论文投到《江海学刊》，这是江苏省社会科学院办的。萧焜焘还邀请我父亲去南京讲学，比如到解放军南京政治学院讲学，有解放军战士来接送。父亲感觉一下子又回到了20世纪50年代初期，意气风发。

20世纪80年代，父亲学习的欲望、讲课的欲望、做学术的欲望都得到了满足。尽管有眼疾这个困难在阻碍着他，但是他也已经慢慢适应了这种黑暗的生活，在黑暗中感受到了新时代的光明。

当时，父亲每天生活很有规律。早上很早起来，起来之后，他会做点操，活动一下身体。他有很好的自制力，比如医生叫他不要吃辣椒，他就不吃辣椒。他喜欢开会，比如说民盟要开会，他会反复在心里打腹稿，做好发言准备。有一段时间，我每天都会去看父母亲。那时我经常发表文章，父亲就要求我无论发表什么东西都要跟他分享。他很享受我的成果，我把我发表的文章念给他听，不管多么肤浅的文字，他都听得津津有味。

这成为父亲获得生命满足的一个很重要的源泉。其实，刚开始他对我写的东西不是很满意。他认为我走偏了，他希望我在学术上能够有所成就、有所作为。但是，我对学术一点兴趣都没有，我就喜欢写这些不起眼的小文章。为此，我们发生过激烈的争吵。到后来，他也慢慢接受了我这一点。

父亲喜欢打抱不平的本性不改。记得历史系有一个学生，因为登记分数的事情，系里不仅要取消他当年的研究生入学资格，而且要取消他的本科毕业资格。原来那个学生有个学期体育成绩不及格，需要补考，他补考了，而且成绩通过了，但是老师没有及时登记。他本人是学习委员，就直接把成绩更改了。本来报上去由系部更改就没问题了，但是他这样做，事情性质就发生了改变。这个学生就来找我母亲，但我母亲毫无办法，我父亲听了之后，觉得处罚太严，就开始干预这件事。

父亲当时在民主党派中还是有一定地位的。20 世纪 80 年代，他是厦门民盟顾问，所以他就利用这一点点的话语权，呼吁重新处理这件事。最后，这件事情得到了妥善解决。那个学生后来读了研究生，毕业后到一家报社做政论版的编辑，做得非常出色，他还写过文章纪念我父亲。

类似这样的事情，父亲做了不少。这种正义感从他年轻时就一直都在，虽然经历这么多的磨难，他也没有变得消沉或圆滑。

三、母亲的教学和科研工作

早在 1964 年，母亲就在《厦门大学学报（哲学社会科学版）》上发表了学术论文，轰动一时。对此，学报当时的编辑卢善庆也津津乐道。父亲得以改正后，重上讲台，母亲也开始把主要精力放在讲课和写论文上面。20 世纪 80 年代，她连续在《厦门大学学报（哲学社会科学版）》上发表了好几篇很有分量的论文。她一生论文写得不算多，但是每篇论文都写得极其认真，因此发表后引起了学界的较大反响。她上课也上得很好，条理性非常强，讲课优雅从容，不少上过她课的同学都印象深刻。1975 年到 1978 年这一段时间，厦大办了一个教师阅览室，就在同安二的二楼，不管春夏秋冬，里面永远有两位女老师在备课：一位是应锦襄，另一位就是我母亲。她们两个是不同系的，我母亲是历史系的，应锦襄是中文系的。

母亲担任了中国世界中世纪史研究会常务理事，每年都要参加年会。她发表的论文每次都会在大会上宣读，获得好评。她去参加各种学术会议，收获也很大，可以跟全国最优秀的同行交流。

1946 年厦大历史系毕业生师生合影

后排右一为陈兆璋

1957 年下乡参加农村生产劳动合影

三排右一为陈兆璋

1956 年 11 月陈兆璋厦门大学历史系世界史教研组副主任聘书

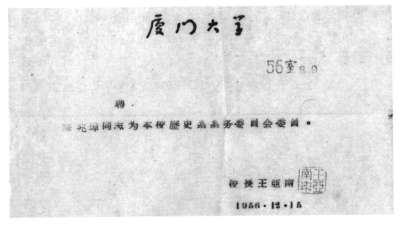

1956 年 12 月陈兆璋厦门大学历史系系务委员会委员聘书

1981 年，教育部指定厦大、东北师大、北师大，还有另一个师大共四所大学，每所大学派出一位老师，一起来编世界史的教材。地点就设在厦大，由我母亲牵头。那时候厦大没有什么娱乐活动，三位外地老师住在厦大招待所，到了晚上也挺无聊的。母亲就叫我带他们三位老师到外文系的宿舍去看台湾电视。那时，我还是外文系学生，外文系有一台电视，是我管的。我们自己就搭了一根天线，对着台湾方向，可以收到中视、华视和台视三大台湾电视台。这也是这些老师第一次看到了台湾的电视。

母亲的副教授是"文革"后评的，在 20 世纪 80 年代初，正教授是 80 年代末评的。母亲退休时应该也是过了 70 岁，那时厦大正教授不多，所以研究生院也一直鼓励他们这些正教授带研究生。父亲带最后一届研究生时，母亲才开始带她的第一届研究生。

母亲几乎没有任何社会活动，她无党无派。后来，民主党派来请她加入，她也拒绝了。除了工会，她什么都没有参加，她认为只要教书教得好就行了。她每次上课都要提前 5 分钟到教室，这是她几十年教学不变的习惯，她也很为自己的教学能力感到骄傲。

20 世纪 90 年代以后，来厦大的师友越来越多，尤其是海峡对岸和大洋彼岸的，几乎络绎不绝。我们家简直成了"接待总部"，接待父母的同学、朋友。从他们的聊天里，我知道了厦大的很多历史。那些谈笑风生的往事，绝对真实而鲜活。他们的谈话就是一段段口述历史，用不同的方言、不同的方式表达出来。

1993年郑道传、陈兆璋在厦门与海外老同学相见

四、父母教育子女之道

作为子女来讲,在学习上,我并没有感到父母对我有多大的影响,只是觉得他们对我们两兄弟管得比较宽松。宽松可能基于两个原因:第一,政治运动过于频繁,他们自顾不暇;第二,当时的教育制度并没有给学生很大的学习压力。但是,潜移默化的影响是有的,他们的喜好始终影响着我。

父亲很喜欢牵着我去散步,不仅在校园里面,也到中山路去,差不多两个礼拜会去一次中山路。他逛街的第一个目的地就是新华书店,这是他的习惯,也变成我这辈子的习惯:去到任何地方,先逛新华书店。父母亲特别是父亲,对于书籍的热爱程度超乎一般人。他的眼睛失明了以后,也要经常逛书店,从广播里面听到什么好书,立刻去书店买。他没法看,就用手去摸。

"文革"期间，家里人把一些书用麻袋装起来，还有一些实在没办法装的，就只好卖给收旧货的。收旧货的来了，父亲摸着那些书哭了。这是我第一次看到他哭，他就坐在那边一直默默地流泪。即便看不见了，即便处于一个很艰难的环境里面，他对书也很有感情。那时还有多少人会去顾及那些书呢？他却好像百分之百认定，这些书以后是会有用的。我们常常嫌他买书贵，比如我们说一本书要一块多，而一块多可以买好多东西吃。他就说他当时在长汀的时候，把省吃花生米的钱都拿来买书，现在有钱了，怎么还不能买书？

当时，厦大主要有两个娱乐活动：一个是俱乐部里面有很多报纸和画报供大家阅读，他失明了以后就没有兴趣了。另一个是建南大会堂每个礼拜会放两场电影。父母亲都喜欢看电影，父亲失明了以后没法看电影，但是有时候也会去听电影。我看电影的时候就带他去听，他能感受到大会堂的气氛，这个也是他热爱生活的表现吧。

1958年"8·23"炮战以后，全国人民慰问福建前线人民。厦大几乎天天都有全国各地的艺术家来表演，包括梅兰芳、田汉等，都是很有名的，有时候一天排两场。他们到厦门来演出的时候，很多会选择在厦大的建南大会堂。当时厦门最大的礼堂有两个：一个是纪念碑附近的军人俱乐部，另一个就是厦大建南大会堂。军人俱乐部的容量大概只有厦大建南大会堂的五分之一或三分之一。

当时的表演，京剧、越剧，戏剧、话剧等都有。我印象最深的是海政文工团和上海越剧团。有一次，海政文工团在下午演了一场《甲午海战》，晚上是上海越剧团演出《红楼梦》。父母就跟我说："你只能去看《甲午海战》，晚上的就不要看了，你看不懂。"父母是怕我们看这种爱呀情呀的东西。所以我一直没有看到在建南大会堂演出的越剧《红楼梦》，据说有名的王文娟当时亲自上台。

五、半个世纪的入党申请

厦大 100 周年校庆的时候,我捐给学校一条我父亲珍藏多年的红布条,上面写的是"中国共产党厦门大学第一次代表会议来宾证"。红布条上面的字是用铅字打印的,一个一个打印上去。这成为那次厦大党代会唯一一个纪念品,现在摆放在厦大校史馆第一馆前面的位置。这条红布条也代表了父亲入党的愿望。

根据父亲回忆,他在 1953 年就参加了学校共产主义学习班,这是专门面向青年教师开办的。学习班结束以后,他就写了第一份入党申请书。

1954 年,他在《新厦大报》上面发表了一篇小文章,主要是谈他看到别人入党了,自己迟迟没能入党的心情。他最后鼓励自己要加快步伐,努力向党靠拢,争取早日入党等。

父亲在 1953 年、1954 年、1955 年、1956 年连续写入党申请书,但每次都没结果。曾经有一次,一个厦大党委委员找过我父亲谈话,是关于他入党的事,但具体谈了什么,到现在我也没搞清楚。不过那个时候,教师当中入党的比例不是很高,所以几次入党申请被拒,其实也挺正常的。

陈孔立在回忆我父亲的文章中提到,1977 年或 1978 年,有风声传来,说"右派"问题有可能改正。我父亲还特地跑去找陈孔立,打听这件事。1979 年一改正,父亲又开始提交入党申请书。这时,他的申请书不是交给哲学系,因为他是民盟厦大负责人,所以要直接提交给学校党委。我记得家里有两个专用的牛皮纸袋,一个是母亲用来装教学简报的,另一个就是父亲用来装入党申请材料的。

父亲入党的信念从来没有动摇过。但是,20 世纪 80 年代他多次写入党申请书，都没有得到批准，父亲就把入党希望寄托在党委书记吴宣恭身上。在一次会议上，父亲刚好坐在吴宣恭旁边，便特地问他入党问题什么时候能解决。吴宣恭说快了快了，但不久吴宣恭从书记位置上退下来了，父亲的入党问题还是没能得到解决。此后，一拖又是十年。

1986年，我要到美国去开会，那时候出国开会的机会非常少，又是到美国去，需要校领导审批。审批过程中一个环节卡住了，我就直接去找副校长王洛林，他接待了。那时，我就想要再找他一次，瞒着我父亲，问问他我父亲到底为什么一直无法入党。

大概是1994年或1995年，王洛林从北京回厦门。虽然他去北京工作（在中国社会科学院任副院长），但他在厦大的房子还一直保留着。可惜，那次没有找到他。

终于，到了陈传鸿当党委书记时，他带上组织部部长来到我家，在我父亲的床头当场拍板，解决了他的入党问题。

1998年春，纪念周恩来总理逝世22周年的时候，民盟召开座谈会，父亲也参加了。他发言到一半的时候就觉得身体不适，停止了发言。这件事情传到了学校党委那边，陈传鸿书记立刻加快了我父亲的入党进程，5月15日紧急批准我父亲加入中国共产党。

当时，父亲已经中风躺在床上，病得很重，脑血栓。我们告诉他入党问题解决了，他只是轻轻地说："总算解决了，总算解决了。"后面跟我们说，党费一定要交足。他只能用这种微小的行动来表达自己的高兴和感恩之情。

六、捍卫马克思主义

20世纪80年代，社会的文化氛围发生了变化，大量西方文化涌入校园，政治老师的课不好上了。但我父亲在这方面没有受到一点影响，他对马克思主义的信仰从来就没有动摇过。我曾问他："马克思在 100 多年前难道真的能预料到今天发生的情况吗？"他说具体的情况马克思当然不可能预料到，但是马克思主义作为一门科学的根基是不会变的。他强调逻辑性，只要遵循逻辑，就能推导出事物的发展规律，因此只要马克思主义的学科基础没有动摇，就能够用来解释今天的生活。他相信马克思主义代表人类历史的发展方向，这是《资本论》给他带来的一生的信仰。

他认为，不能光看口号是不是动听，关键要看它是否符合科学社会主义，符合科学社会主义的就是真正的马克思主义。面对 20 世纪 80 年代的社会氛围，他觉得国内的马克思主义理论研究水平需要提高，来应对这些西方文化带来的挑战。所以，他开始寻求更新知识，加深对马克思主义的认识。他每天坚持听各种马克思主义的讲座，然后用炭笔做一些笔记，还叫我寄钱去中央人民广播电台购买马克思主义讲座的教材和磁带。

父亲还参加一些学术会议，在会议上也是极力为马克思主义站台。针对社会上淡化马克思主义的现象，他总是按捺不住跳出来，在会议上发表全力支持马克思主义的讲话。有一次，他在学生聚会上讲到激动之处，还把拐杖举起来，说："谁如果忘了马克思主义，要做贪官，我就用拐杖把他钩下来。"他的讲话总是与众不同，一个是声音比较洪亮，还有一个是比较有血性，所以若干年后，不少学生都还记得。

七、换一种身份活着

父亲 70 岁正式退休。他很得意地跟朋友们说，他完成了王亚南校长交给他的任务，带完了三届研究生。这是他后来经常挂在嘴边的话。父亲很热衷于参加各种社交活动。20 世纪 80 年代，我曾带他去过他之前工作过的泉州石光中学。2000年父亲生日那天,石光中学校友会还送来一个生日蛋糕。他曾经在石光中学校友会活动中即兴赋诗一首。父亲晚年生活改善了,待遇越来越好,心情也是越来越放松。

父亲还积极参加各种社会活动。他一生追求马列主义,最后走下了大学讲台,发现自己在社会上还大有用武之地。比如,他去监狱里面给犯人做报告,宣扬如何自强不息,效果非常好。他有一句金句:"我和你们都是残疾人,但我是肉体上的残疾,你们是心灵上的残疾。""都是残疾人"的说法,一下子拉近了他与监狱里犯人的距离。类似这样的金句在他的报告中有不少。

父亲出任厦门市残疾人联合会顾问,又担任民盟厦门市委顾问。他做这两个顾问,不是虚的,经常会有很多人来找他反映问题。他为了维护这些人的利益,常常替他们申诉。这个是他退休以后长期做的事情。

1995年郑道传在厦门思明区红十字青少年夏令营宣讲身残志坚的故事

　　1990 年,《厦门日报》资深记者吴奕纯女士为我父亲写了一篇新闻报道《眼瞎耳聪心里明　孜孜不倦播真理》,讲述我父亲在双目失明的情况下,如何孜孜不倦地讲授和传播马列主义,发在头版头条,获得中国新闻奖三等奖。这可不得了,全国性的新闻大奖,地方报纸是很难获得的。这个契机,就把我父亲变成了一个全国性的典型模范,这令我父亲感到非常吃惊。用现在的话来说,他一夜之间变成了"网红"。

　　之后,父亲作为一个盲人教授,依然执着地为社会服务,积极传播马列主义,被江泽民总书记接见。他跟我们讲,接见的时候,他在后排,本来是不要握手的,但反正他也看不见,就伸出了手,结果江泽民总书记果然伸出手来握住了他的手。那次陪他一起去的还有厦门眼科医院党委书记。

1994 年郑道传赴京出席全国"自强模范"大会

　　我当时写了一篇文章叫《盲父亲上北京》,发表在《厦门特区工人报》上面。主要讲了这么几件事:一是父亲与江泽民总书记握手;二是父亲被八个武警抬着上八达岭;三是同行的厦门眼科医院党委书记对父亲的一路关照。厦门眼科医院是作为治疗照顾残疾人的典型单位代表去的。

1994 年郑道传登上万里长城

　　后来,政府组织了一个作家代表团深入各个残疾人家庭写他们的传记。来我家的是花城出版社社长苏群,文章发表在《花城》的《人物》专栏上。接着,政府又组织了一个全国残疾人宣讲团,巡回各地宣讲,里面有各种杰出的残疾人。在这个宣讲团中,我父亲的宣讲非常受欢迎。后来,只要组团,中国残联都会先想到我父亲,当时残联主席是邓朴方。

　　于是,父亲就以一种新形象出现在大家面前,那就是身残志坚的残疾人典型代表。这对我父亲来说,恐怕也算是无心插柳柳成荫了。党和政府给予的这些荣誉,给他提供了更大的动力。作为一名大学老师,他以前是在大学校园里传播马克思主义,那是他的职业、工作;现在向社会宣讲,他是不要报酬的,是业余的,是纯粹作为兴趣和生活动力的。他用自己残疾的故事,结合马克思主义理论进行宣讲,所以宣讲很有个性,一点也不空洞。

八、三次中风

2002 年父亲去世,此前他一共中风了三次,而且一次比一次严重。第一次中风,他还能思考说话。第二次中风后他就很难思考,这对他来说,比当"右派"还难受。

第一次中风是 1998 年春,厦门民盟市委召开座谈会纪念周总理逝世 22 周年。在会上,父亲突然感觉很难受,回来就呕吐了。半夜时,我叫救护车送他去第一医院,检查确诊是脑血栓。之后,家里又雇了两个保姆照顾父亲的生活起居。出院后,他开始在家里锻炼身体。父母家在四楼,他每天从四楼下到一楼,扶着楼道里的铁栏杆,走上走下,不停地走。他的求生意志非常强。他吃过失明的苦,所以对他来讲,吃这样的苦完全能忍受。他每走一步都要喘一大口气,但始终咬牙坚持着。

第二次中风,各种症状就更严重了,如腿脚麻木、流口水、口齿不清。刚开始时,他是去厦大医院打针治疗。为了打针,他每天必须上下四层楼梯,而且打的去的话,的士又不愿意进校园。因此,我学会了打针,省了很多事。

虽然父亲口齿不清了,但我们还是尽可能地跟他交流沟通。很多时候是关于病痛本身的话题,他很感慨地说:"太快了,太快了。"他知道自己的时间不多了。中风后,他唯一不变的是每天早上六点半收听新闻和报纸摘要节目。

第三次中风后,他处于半昏迷状态,器官衰竭,一直住在厦大医院,不久就去世了。

天伦之爱是发自内心的。我觉得父母那么爱我,我应该更爱他们，这非常自然。父亲生病了我不管谁管？当时，父亲在厦大医院住院，晚上我突然想到，父亲尿失禁，如果没有及时换裤子会感冒。于是，半夜三更我跑到医院去。那个时候，医院铁门都关起来了，我就爬过铁门跳到院墙里面去，然后直奔病房。就为了这样一个念头，做出这种比较极端的行为。虽然当时我们雇了两个保姆，但是两个保姆还是替代不了子女的周到照顾。

九、父母的丧事

我父母都信奉唯物主义，不信鬼神。对死亡他们看得很透，认为任何花圈、仪式都毫无意义，尤其是对那种薄养厚葬的风气感到非常憎恶。

父母的骨灰都放在湖里区薛岭公墓。本来他们没放在一起，是我们要求后才放在一起的。因为父亲是厦门民盟市委顾问，可以享受一个免费的骨灰寄存待遇，但母亲不行，所以，我们说这个钱我们自己掏了，每年七八十块的样子。

厦大老师的丧葬仪式一般是这样的：先由家属将消息汇报给系里，系里出一个讣告，然后亲戚、朋友、同事等统一交上买花圈的钱。关系好的会包钱，一般的也就 200 元一个花圈。火化是在集美天马山，那里有一个非常大型的墓园。厦大会专门派两三辆校车把要去的人送去。比如说好几点在校内哪一幢楼集合，然后把大家送过去再接回来，这是非常麻烦的事情。火化回来的当天晚上，家属要举办一个特别的宴会作为答谢。答谢宴上必须有一道红烧肉，表示专门的丧仪。

我父母都是去世后四到五个小时就立刻火化，火化以后再发布消息。这样就省掉了所有的麻烦。因为只要拖上半天，等到大家都知道消息了，你即使想丧事从简也没有办法了。我父母的丧事从简做到了极致，一个花圈都没有。等到厦门民盟市委打电话来问的时候，我们已经把我父亲的遗体送到天马山了。

彻底的唯物主义者是无所畏惧的，撒手走了就走了，彻底告别这个世界。所以，我们替父母操办的丧事，正是按照他们自己的意愿进行的。

十、父母的图书捐赠

父母双双过世后，我把他们的图书捐献给了厦大。

那是在厦门大学 91 周年校庆的前夕，我把父母亲一辈子收藏的图书和资料捐赠给厦门大学。为此，校图书馆特意在"玉堂·厦大文库"举办了"把一切献给厦大——郑道传教授、陈兆璋教授伉俪赠书展"。

郑道传、陈兆璋伉俪赠书展

这个展览的内容第一部分为我父母的著作《殖民地问题》《世界中世纪史散论》《〈资本论〉方法论研究》等，以及他们参与编写的《世界中古史》《印度特仑甘纳人民的斗争及其经验教训》等，还有经济学、历史学和科学社会主义经典文丛上千册。其中不乏著译名家的签名本，很多图书的内页布满了我父母在阅读和备课时留下的密密麻麻的眉批和重点画线。赠书中还包括《世界知识》(1949—1999)整套杂志，填补了厦大图书馆馆藏的缺漏。

父母一辈子爱书如命，半个多世纪来这些书随着主人颠沛流离，"文革"时期甚至一度装入麻袋流落至闽粤赣三省交界的山村里，现在终于有了最佳的去处，我如释重负！

第二部分为我母亲的手稿和她一生制作的教学科研卡片。其中卡片的数量多达 7000 张，后学可以从中感受到老一辈知识分子严谨的治学精神。

第三部分为父母生前珍藏的旧信，有数百封。其中不乏谢希德、施蛰存、谷霁光、叶国庆、姚一苇、王梦鸥等著名教授学者的亲笔信札，特别是美国华盛顿与李大学朱一雄教授、庄昭顺作家伉俪，首都师范大学戚国淦、寿纪瑜教授伉俪的亲笔信札共达近百封。这些信札无论是文字的经典、思维的闪光还是书写的娟秀都令后人仰慕，时间多为 20 世纪 70 年代末到 90 年代末，不仅体现了知识分子在新时期奋发的思想与奉献的情感，还体现了民国时期老学子儒雅的风范，体现了厦大长汀时期的学子几十年如一日的同学情、师生情和母校情，封封真迹都烙着深深的时代印记，是极为珍贵的文字史料。备展期间，传来 90 岁高龄的朱一雄教授在美国逝世的噩耗，因此就将原来已经布展的朱一雄、庄昭顺夫妇的 23 封亲笔信作为"朱一雄纪念专柜"展出。

第四部分为《热血与坚忍——郑道传纪念文集》一书和手稿。此书是 2006 年为专门纪念我父亲而出版的一部文集。这次还展出潘懋元、陈可焜、陈孔立等校内外 20 余位教授学者为这部文集亲笔撰写的文稿原件。同时展出的还有新中国成立初期王亚南校长在两年里颁发给我父亲的 6 张聘任书原件。

由于这次书展,我第一次见到并触摸到了特藏部里父母亲以及他们的同学们 60 多年前的大学本科毕业论文。这些文章虽然虫蛀虫咬,但依旧清晰可辨。我看到后热泪盈眶,感叹岁月沧海桑田,但那发黄的故纸旧文里始终沉淀着思想的厚重,并闪烁着历史的幽光!

第五章

道传之后为"杂家"

一、我的知青生活

　　1966届、1967届、1968届的初、高中毕业生叫作"老三届"。我就属于老三届的"尾巴"。我1965年9月读的初中,双十中学。初一没读完,"文革"就开始了。我虽然是1968届初中毕业生,但是实际上只读了初一,1967年、1968年根本没有读书。1968年12月毛主席号召上山下乡,让知识青年到农村去,接受贫下中农的再教育。当时,那么多学生,旧的学生没有走,新的学生进不来,所以上山下乡也是一个缓解城市就业压力的办法。

　　1969年3月、5月、6月,厦门就开始组织一批批中学生去上山下乡。当时,厦门市思明区到武平、开元区到上杭、鼓浪屿区和集美区到永定,这个去处是很清楚的。头几批是自动报名去的,我没有报名,整个城市的反响稀稀拉拉。每批去的人都不多,没有形成合力。

　　到了1969年8月,就不是自动报名了。敲锣打鼓,送一张捷报到你家,说政府批准你上山下乡的要求。你没申请,也送个喜报过来,说你已经被光荣批准为知识青年上山下乡了。

1969 年春节郑启五和同学合影

1969 年 9 月的一天,我在中山路的一张喜报上看到自己的名字,要去武平下乡。然后上面发了几张优待供应券给我,可以买一双解放鞋、一件棉衣、一双拖鞋,接着就开始下到闽粤赣三省交界的大山里。一批上千人一起坐火车,火车加卡车再加步行,整整 4 天 3 夜。后来,我写了一篇文章,叫作《6 个小时和 4 天 3 夜》,讲述了这件事情。

先从厦门坐火车到漳平,再转火车到龙岩。凌晨到达龙岩,下来在空旷的原野上等卡车。天亮后,卡车来了,前面坐人,后面装行李,然后从龙岩颠簸颠簸到武平。到武平以后第二次分配,分到下面的公社去。还是坐卡车,到茂村,公社所在地,大概 70 多公里,全是山路。然后从茂村公社所在地步行 15 公里到我的知青下放点,一个叫作唐屋的山村,整整 4 天 3 夜。

在唐屋大队,我大概待了一年。不久,我母亲也下放到武平。武平分成南部和北部,北部是很苦的,南部会相对好一点。我是在北部,母亲在南部。后来我从北部调到南部来跟母亲在一起,可以互相照顾。我们这个小家庭在这种情况下拼命地挣扎,拼命地调在一起,然后又想方设法从武平调回厦门。

我去武平后不久,发生了一件事。那时候通信工具就是信件。要先把信投到大队的邮筒,一个木头信箱,然后等邮递员来取。邮递员从茂村到这里要走15公里路。一次,有两个大队部的知青把信从信箱里面抖出来,再把邮票撕下来。后来东窗事发,知青们就非常生气,把这两个人围堵起来。大队很紧张,叫民兵来处理,终于把事情压下去了,但是我却不幸受到牵连。

这两个知青把偷藏起来的信件全部交给大队部。里面有一封我写的信,写得最长,泄露知青的秘密最多。信里讲知青偷菜,而且不把"农民"叫农民,而是用厦门话发音写作"农苟","苟"与"狗"谐音,结果他们说这是辱骂农民。这封信现在还保存在武平县档案馆里。

这封信我记得是寄给我同学潘世建的,他后来当了厦门市副市长。大队的人发现了我的信后就把我当作一个典型,再加上我是"右派"子女,两个民兵就闯进我的住房,把我押解到大队部去。当时把我吓死了,不过结果倒没什么事。

偷信事件发生后,我突然间变得很想读书。有一天,我居然从唐屋村走了50多公里的路到武平一中,径自走进贫下中农再教育管理办公室。面对革命领导小组办公室里的几个人,我说我是初中毕业的知青,要来读高中。其中一个人用普通话劝我说:"你们是来接受贫下中农再教育的,要好好回去接受再教育,千万不能来这边。这边不是你读书的地方。"那时,我才开始感到失学的恐惧,然后我就叫母亲把我的中学课本全部寄过来。

在武平第一年,我很少参加劳动。因为头一年,国家给我们每个知青每个月8块钱补贴、30斤的粮票和半斤油票。所以我不干活,吃饭问题也不大,另外,生产队长也不会管我。第二年,所有知青的8块钱补贴取消了,就要劳动赚工分了。

第一年没过完,我就调到母亲所在的十方公社。等母亲1972年要调回厦门的时候,我想跟她一起调回来。结果上面说:"不行。你母亲是下放干部,要回去工作;你是知青,要留下来。"这样,我就一个人继续留在武平当知青。

第一年做知青,要说干活,也有。比如,秋收后,农田里有很多收割稻子后的倒茬,到了冬天,我们就拿着锄头去一个个翻起来,让它腐烂,做来年春天的肥料。因为田地离住的地方比较远,要走三五里路,所以我们干活还要带饭去。那时田里面有很多黄鳝,我们回来时可以抓一牙缸。

去的第一个月是跟房东吃的,第二个月开始自己做饭吃。没饭吃的时候,知青们学会了互相串门。就是去找自己认识的朋友或同学,一个个公社游走,今天在武东公社,明天到中堡公社,后天到万安公社,那大后天到十方公社。我们也叫它"大串联",这是最混乱的头半年的情况。

当时的菜没什么油水,所以大家吃饭就特别凶。知青都很年轻,又正处在长身体的时候,非常容易饿。人在饿的时候什么事都做得出来。当时我们也会去偷农民的菜,但如果被农民发现,那更糟糕。怎么办呢?就拿盐巴在油里面稍微炒一下,然后拌稀饭吃。

十方公社是武平最好的公社,也是武平的交通枢纽。它有一条公路直通广东,一条公路到武平,一条公路到上杭。现在它也发展得很好,是武平的重镇。母亲是以下放干部的身份到十方公社,一到就引起了当地的轰动。为什么?因为她有三位数的工资,而县长、县革命委员会主任只有58块钱的工资。来了一个女干部,这么高的工资,这还得了。而且我母亲去的时候带了很多书,农民就觉得很奇怪,什么东西这么硬呢?他们猜是黄金,是布匹,总之,千奇百怪的猜测都有。

下放干部主要由大学老师、中学老师、个别的小学老师和整个城市的机关干部组成，点到谁谁就得去，当时走"五七道路"嘛。有两种方式：一种是到五七干校里面去集中起来，就好像知青的兵团一样；另一种是零散的，就是把你分配到各个生产大队里面去。

母亲是属于单个下放到生产队的，然后在生产队里和来自其他地方的下放干部组合在一起。我记得，母亲下放的大队有 5 个下放干部，其中一个是百货公司的职员，另一个是小学老师，还有一个是厦门纺织厂的女厂长。这些人里有厦门的，也有福州的。他们经常会被抽调上去，再组织成一个工作队，专门去加强比如某一个村庄的农业学大寨运动等。下放干部也参加生产劳动，但主要还是参加基层社员会议。她们不记工分，因为她们有工资。

母亲跟我讲过一件事情。当时有一个知青是厦门五中的，叫郭慧心。这个女孩子曾经很激动地对大队革委会主任说："主任，我们的下放干部里面有个大学老师，太好了，能不能让她教大家一些文化？"母亲当时也很受感动，在那个时候有人有这样的见地是难得的事情。但这也是根本不可能的，因为这些下放干部主要是来接受农民再教育，进行思想改造的。

不久，母亲又被调到另一个大队去了。这些下放干部被组织成一个更大的工作队，集中驻点到一个叫鲜水村的地方。母亲有时候也会回来和我一起吃饭。这一年，我们知青没有了补贴，需要种地养活自己了。我基本什么活都干过，如插秧、割稻子、打稻子。最可怕的是晒稻子，因为是用竹席晒稻子，每 20 分钟就要翻一下，那些谷芒谷刺就会飞到身上来，让人非常痒，难受得很。特别是最后把干谷子用鼓风机吹一遍收进去时，谷芒飞得到处都是。那种晒得干干的谷子，很重很重，200 斤一担，我挑着走得跌跌撞撞。每次晒完谷子干完农活以后，我都要到溪流里面去游泳。有农民跟我说这样不行,热身子不能跳到冷水里,会犯病的。结果我果然落下了腰痛病,到现在已经四五十年了。比如说,比较冷的石板,我坐上去不过 10 分钟,骨头就痛得不得了。

郑启五著《情结武平》

我当时拿 8 分的工分。三个人,两个农民加上我,组成一个小组。我的知青点属于模范知青点,大队风气比较好,大家都在拼命地干农活。在那里两年,母亲和我跟农民的关系很好,他们都叫我母亲"陈同志",叫我"陈同志的孩子"。母亲在那边为什么口碑很好呢? 当时她带了一些四环素眼膏下去,当地农民皮肤病很多,只要用眼膏一涂就好。

后来父亲在厦大办理了提前退休,当时有个政策叫补员,所以 1973 年我就以补员的身份回城来了。

二、我的炊事员生涯

我的文学梦想应该是"文革"中后期萌发的。我当时喜欢上看书，而且开始写一些诗歌。看的书主要有贺敬之的《放歌集》，还有《三国演义》等，那些书头尾都被翻烂了。记得在十方公社知青点，有一个来自厦门一中的红卫兵，他从图书馆偷了一本1958年的《大众电影》合订本。我们整天看那本书，从头到尾翻了无数次。我后来会写影评，就是得益于那段时间看的《大众电影》。

那时能看的书很少，一有书我就如饥似渴地看。我写过一篇文章叫作《永远的朱尔菲亚》，讲的是我在厦大捡到一本乌兹别克斯坦女诗人写的诗集，然后就把那本书从头到尾一直翻。有时候我跑到县城去，就看一本两个月一期的《新阿尔巴尼亚画报》。1965年之前，父母还给我订了《儿童时代》《中国少年报》《少年文艺》等杂志，不管多少钱，他们年年订阅。我家里还有两套革命回忆录：一套是《星火燎原》，另一套是《红旗飘飘》。

当时，在闽西知青群里有一个写诗歌的圈子，主要成员有朱家麟、林培堂、舒婷、陈仲义、谢春池、陈志铭等。他们都是我羡慕的对象。我写的诗歌总是有一种言不由衷的感觉，当时我写过一首叙事诗《走在洒满阳光的大道上》。里面编造了一个故事，说在红土地上挖到一个弹壳，弹壳是红军留下的，如何如何。这样的构思其实是很幼稚的。

李瑛的诗歌是那个时代的代表。还有一本仇学宝的《金训华之歌》，我是用笔把它整本抄下来的。古典文学方面我几乎是空白，外国文学稍好一些，因为看了不少苏联的翻译小说。

我1973年回到厦门后，先下到厦大印刷厂当临时工，做了一年多。拣字、排版、装订，印刷的流程我很熟悉。油印的时候，油印配液、裁剪，我也都做过。每当工农兵学员进来的时候，我们要赶着印教材，如《会计原理》。我记得我还印刷过《红楼梦解读》。

一年以后就正式分配工作，等待厦大革命委员会人事处宣布工作分配。宣布完以后，下面哭声一片，很多人对当炊事员没有思想准备。他们在农村都表现得相当不错，调回来前甚至当过生产队长，有的还在农村当过中学老师，教书教得有声有色，突然被宣布当炊事员，有点无法接受。但是我觉得无所谓，因为我认为自己出身不好，有个固定工作不容易。

当时厦大教师子女分配去食堂的，算是最差的。去水电组的就很好，可以学技术。还有司机组，也不错。最好的是去厦大的一个半导体厂，那是化学系的附属厂，生产的东西好像还是国家稀缺产品，有门路、有办法的人都分配到那边去。

当时厦大50多个返城知青，有30多个人到了各个系的食堂做炊事员，我去的是外文系的食堂。那时几乎每个系部都有自己的食堂，中文系和历史系的是合起来的，叫文史食堂。我们食堂之间经常会借饭，比如我们饭不够卖了，就到其他食堂借一点过来卖。在外文系食堂，我足足干了三年。

这三年间我学到了不少东西。那时候，学生在学校学习的时间只有三分之一，其余时间要去学工、学军、学农。比如，到工厂去，到部队去，到农村去学习。我所在的外文系有一次接到去桂林接待外宾的任务，我也就跟着出去。陪着学生出去，对老师来讲是一个苦差事；但对我来讲，这是个好差事。我可以不用干炊事员的工作，跟学生在一起见识到不一样的世界。我也跟学生到部队里面去学军，在漳州光明山学军基地。学军是真的住到部队里面去，体验完全真实的解放军生活。晚上睡觉，枕头边上就是手榴弹。

1975 年任厦大外文系炊事员的郑启五

1975 年厦大外文系炊事员合影

后排右一为郑启五

在食堂里面上班,每天煎鱼、炸鱼、蒸饭。从早上 8 点一直炸到下午 6 点,两个小腿站得发麻,油烟熏得头昏脑涨。那时候没冰箱,鱼来了要炸熟了才不会臭掉。有时候烧煤,那煤灰呛得人很难受。几乎也没有油炒菜,只有炒青菜时放一点点油。煮的大锅菜也没技术含量,只要人吃得不拉肚子就行了。

当炊事员的时候,工资一开始是 24 块,半年后转正,31 块。食堂员工可以免费吃三餐,加上我那时候也没什么别的开支,全部工资我都交给父母了。

当时,我有一个厦大借书证。那时厦大图书馆已经对外开放了,要看什么书都有。我经常一边做饭做菜,一边手还没弄干净,就抓书来看,所以有很多英语的简易读物上面沾满了我带着五香粉的手指印。

1977 年的某一天,我正在食堂蒸饭,发现《福建文艺》上面发表了一篇我的文章,写着作者郑启五,我真是欣喜若狂。听说那时候《福建文艺》编辑部每天都要接收三麻袋的稿件。《福建文艺》两个月才出一期,其中有一个栏目叫作《新芽集》,每期才登两篇文章,发表概率是非常低的。我写的散文能在上面发表,对我的鼓励非常大,从此我正式变成文学青年。

我开始变得有信心。纪念周总理逝世一周年的时候,我还写了一首很长的诗叫《诗的花圈》。我父亲对周总理的感情非常深,他订了整套的《世界知识》杂志,可以看到周总理到世界各国开会的照片。周总理去世时,我父亲痛哭流涕。我还在厦大建南大会堂朗诵了这首诗,当时全场轰动。后来,这首诗发表在《厦门大学学报》上面。那一期,学报拿出一半的篇幅来发表厦大师生怀念周总理的诗歌。第一篇就是我的。第二篇作者是革委会副主任、化学系蔡启瑞老师,后来他成了院士。第三篇作者是后来当了中国银行行长的李礼辉。

另外，我一生爱好喝茶。说起来，这跟我的炊事员生涯也不无干系。在做厦大伙夫的岁月里，我尤其喜欢喝浓茶。

所谓"浓茶"，恐怕再浓也浓不过老厦门"茶桌仔"泡出来的"一枝春"，棕褐色的乌龙茶茶汤，夸张一点说，浓得像酱油！"茶桌仔"是我们这里街头巷口曾经摆出的茶摊，几张旧木的矮方桌，一副半新的瓷茶具，几个人围坐在简易的木凳竹凳上，就壶起壶落地喝开了。这样的泡茶模式，可是岛城民间喜闻乐见的，但时过境迁，现已日趋式微。

我一开始学喝茶，喝的就是这样的浓茶。讲到喝浓茶，人们的第一反应就是喝了会兴奋要失眠，可当初学喝茶的我压根就没有体验到这种效果。

我在食堂负责掌锅，这是个"水深火热"的活儿，既要烧火，又要炸鱼，双面夹击，浑身的汗水浓得可以贴邮票，人都快被烤成"干尸"了。所幸的是，我得以享有分派的"劳保茶"，肚子里有茶水，"干尸"得以不干。

当采购员骑着三轮车把茶叶捎带回来时，整个厨房里就浮动着乌龙茶的清香。那时茶叶大多是用一只纸袋简单一装，再像信封似的封口，难怪包不住茶香。纸袋上有简单的图案，大多是一壶一叶，壶棕色，叶绿色，双色套印，斜斜的大大的美术字是茶名——"一枝春"，或"留香"，或"铁观音"，简约而醒目，还有微型的图标——"海堤牌"，以及"厦门茶叶公司"的字样。

劳动间隙，大家就围坐在一起喝茶。沏茶的水是大锅里取之不尽的蒸饭水，茶具是一套印花瓷器，壶上有"备战备荒为人民"的毛主席语录，如果留存到现在，应该也是可以放在街头兜售的大众文物了。

整套茶具就放在一个旧脸盆中，一勺千滚百沸的大锅水先浇入塞满茶叶的瓷壶里，然后盖好壶盖，又是一大勺大锅水从上到下地浇下去,让整个茶壶连同五六个配套的小杯里里外外都浸泡在滚烫的水中。

"一枝春"也好,"留香"也好,"铁观音"也好,这些都是高温烘焙的,以浓香著称,在如此沸水的里应外合下,茶汤自然是浓而又浓,色浓呈褐,全然可以和街头的"茶桌仔"相媲美。

掌锅师傅的劳动强度很大,常常要在高温的油锅前一连干上好几个小时,支持着精力的唯有浓茶了。我现在描绘一下当时的"炸鱼图":只穿一条裤衩,赤膊上阵,胸前挂蓝色围裙一条,脚穿拖鞋,左手一杯浓茶伺候,右手操举竹柄大漏勺。油锅甚巨,大若澡盆,群鱼入锅,沸油翻腾,噼啪声声不绝于耳,油烟袅袅竞相入鼻。

春夏秋冬,口渴了就牛饮浓茶,肚子饿了就扯一条咸酥的油炸鱼来吃,在那年月,我也算是"活神仙"一个了。不过以现在的卫生标准或科学的饮食观审视,当时泡茶用的"千滚水"是典型的"毒水",至于炸鱼的油则是"万滚油"。

我的"浓茶岁月"持续了整整三年。高考恢复后,我从厨房考入大学。

三、我的外文系读书时光

2018年4月14日,是厦门大学外文学院(外文系)创办95周年院庆日,我们高考恢复后的首届学子——1977届英国语言文学专业的同学从世界各地重聚母校。在厦门的老同学正紧锣密鼓地进行活动的各项筹备,我的任务是给大家编一部纪念文集,因为同学们思来想去,还是觉得纸质的文集更过瘾,于是文章和照片,特别是老照片纷至沓来。

经过反复核对,集体回忆,跳出跳入专业的都算,一个没有少,也一个不能多,最终核准的人数令我们兴奋不已,刚好77人,厦大外文1977级英国语言文学专业共有77人！1977年，我们77个同学的命运迎来了大转折。

从恢复高考的消息发布到开考，总共给我复习的时间只有一个月，而这一个月里食堂却一天假期都不给。其实我自己不愿意也不敢请假，因为我一请假就势必增加同事的工作负担。我不慌不忙，颇有死猪不怕开水烫的淡定。

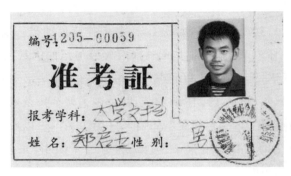

1977年郑启五高考准考证

我以极为平静的心态走入考场，日积月累的知识储备得到了最大的发挥。语文的作文是读后感，素材是魏钢焰发表在《人民文学》上写铁人王进喜的报告文学，这个我早就熟读了；而英语考卷的内容也没有脱离我的视野，那段《熊猫》的英语描绘好生眼熟，它来自我不久前精读过的英文版《中国建设》杂志。但数学注定是一败涂地，我草草做了前面的几道小题，然后马上交卷，随即赶回家复习隔天要考的历史和地理。

最终我以数学只有7分而其他科目几乎满分的成绩考上了，参加体检时我兴高采烈，这应该是我成人之后首次遭遇公平对待。但是，录取通知书发完了，我却没有收到。其实，我是早有预料的。于是我回到食堂继续煮饭煮菜，并很快迎来了恢复高考后首届考进来的大学生，只是那句"How many 两 do you want?"再也无法轻松地说出口了。

就在我难受的时候,传来了中央要求各校挖潜扩招,以及政审要重在考生个人表现的消息。1978年3月的一天傍晚,我拖着疲惫的脚步回家,发现我家的信箱玻璃格里有一张挂号信通知单。我的心剧烈地跳动了起来,一夜无眠。隔天一早,我就坐在信箱门口的石阶上等待开门,取单签名,凭单取信。这封挂号信果真是我梦寐以求的录取通知书,信封上贴的是20分的《工农业建设图案》普通邮票里的《钢铁》。30多年后在看电视连续剧《历史转折中的邓小平》关于恢复高考的那几集时,我还总是泪流满面。

随后在厦大外文系举行的迎新会上,我上台朗诵了自己写的诗歌《这是梦吗?》,头几句是:"这是梦吗?这是梦吗?有谁能告诉我,这不是梦境?"现场熟悉我的外文系师生大声回应:"Cook(炊事员),这不是梦啊!"

但这又怎么不是梦?这是一个1968届初中生失学长达10年后实现的大学梦,我人生的重大转折就此开始!

那时的我们青春勃发,活力四射,一直挺立在时尚潮头的外文系率先尝试办舞会。男生女生先分开各自学舞,我班部分女生小范围"演练",还留下了珍贵的照片。

舞会前,我们系1977级学生团支部书记钟兴国同学开会动员,男女团干部纷纷表态在舞会上决不怯场,主动出击,保证让首次舞会顺利进行。我当时是英语小2班的团小组组长,负责落实和实施具体一线工作:借用食堂做舞场,清理场地;借好三用机,负责播放卡式录音舞曲《青年友谊圆舞曲》和《青春圆舞曲》。

"拉起手,唱起歌,跳起舞来,让我们唱一支友谊之歌。"有备而来的男女共青团员们跃跃欲试,男的一圈,女的一圈,两圈人马反向旋舞,男女拉手舞几个回合后,转换至下一位舞伴。大家越跳越进入状态,舞会大获成功。

舞会后,夜已深,大部分同学是首次拉了异性同学的手,兴奋不已,毫无睡意。此后厦大学生的交谊舞就逐渐进入每周末都有的常态,开展得红红火火,灯光球场的周末舞会长达十几二十年,成为几代厦大学子的校园记忆,刻骨铭心。

1979年早春,外文系在囊萤楼通知栏板上贴出了系学生会的一张巴掌大的征订启事,顿时板前人头攒动。只见征订的是一本叫《名篇集》的小册子,同时附有前言。前言是这样写的:"多年来,由于'四人帮'的文化专制,造成不少青少年孤陋寡闻的现象,给语文教学带来了很大的障碍。因此,我们在教学之余,编选了这本阅读文选,并加了部分介绍和评注,帮助青少年概略了解古今中外名著,以利于语文教学。它像一个小小的窗口,读者透过它,可以看到文学海洋中几朵俏丽的浪花;透过它,可以看到文学百花园里几朵绚丽的鲜花。"

同学们奔走相告,200余号人的外文系一下就订了300余本。许多人不单给自己订,还给家里的亲朋好友订上一份。

书到货时的场景更叫人难忘。许多同学捧着《名篇集》,就在囊萤楼的过道上急不可耐地读起来。有的马上给书包上封皮。记得有一位同学兴奋地说:"这下我可有一本自己的名著了! 我可以尽情地在书上画线和批注了!"

1981年我大四,系里开了美国小说选读课,系主任林疑今教授(林语堂先生的侄子)主讲。当时,我把油印课本里的原文小说《播种》一股脑儿译成汉语。我是带着感情翻译的,英文原著是描写农民的情感,而我眼前也一直有驱之不散的闽西客家农夫的身影。译文先发表在内部刊物《厦门文学》上,后来又发表在山西人民出版社的《名作欣赏》杂志,1981年第5期。一下子在校内轰动了,那可是文字传奇的时代,这样的名刊一期往往都有50万以上的印量,人人如饥似渴地阅读。

记得 1981 年清明时节,厦大举行建校 60 周年的纪念活动,我们几个校学生会宣传部干事被招入校庆报道组,听从校刊李海谛老师的调遣。改革开放之初,海内外校友纷至沓来。我是外文系的学生,在校友会李强老师的安排下,参加海外校友的主要活动,头一回感受到记者这一"无冕之王"的责任与殊荣。而我写的报道频频被校电台和校刊采用,我也因此日日沉浸在亢奋之中。

活动到尾声时,来了一个重大任务,要我采访一位美国来的 70 岁的老校友。当时来的境外校友多是我国港澳地区和东南亚的,美国的很少,因此我的采访事关重大。这位老校友是陈宇年博士,他于 1933 年考入厦大,两年后转到中山大学医学院,因此只能算"半个厦大学子"。1945 年他移居美国。老人说话恬淡文雅,与其交谈是一种享受。他说他从小喜欢古典文学,在厦大又得益于一批学问渊深的国学教授的教诲。他在厦大时间虽短,但受到的影响很深,阅读中国古典诗词成为他终身的爱好。

和陈老校友握别时,他突然转身,叫我等等,然后从皮箱里摸出一本中英对照的《长恨歌》,签名相赠。这真是令我大喜过望,激动不已。这是我获得的第一本作者赠书,一读再读之后竟激发了我揣摩中英诗歌翻译的极大兴趣。一年之后,我写出了我人生第一篇论文——探讨中英诗歌互译的《"西风东译"论质疑》,发表在《厦门大学学报(哲学社会科学版)》1982 年第 3 期上。本科生的论文上学报,这在过去是不多见的。尽管大学毕业后我改了行,没有从事外语和翻译工作,但始终保留着对中英语词推敲、揣摩、互译的兴趣。1999 年,中国文联出版社出版了我的第一本个人文集,取名《爱译随笔》,汇集了我多年谈论翻译话题的文章。

郑启五著《爱译随笔》

那时我还管理着外文系电视机,发生过一件非常有意思的事情。1980年国际排球赛,中国队一个很帅的副队长叫汪嘉伟,他率领中国队跟韩国队对决,在香港排球场比赛,电视直播。中国队先输两局,后连赢三局扳回来了。我们都欢呼沸腾了,连夜往香港发电报祝贺。厦大邮局就在校内,我们半夜去邮局敲门,工作人员也非常兴奋,表示同意。那时,发电报是一个字五分钱。我还特地撰了一副对联:"连扳三局,英雄杀出我中华豪气……"这几个字后来还上了《人民日报》和香港《文汇报》。

四、我读外文系时的那些先生们

谈起在外文系读书时遇到的老师,我记忆深刻的有这么几位。"阿里巴巴"是我们1977级外文系大三时英语泛读课的课任教师。每次提起这个名字,我的脑海里就立马显现出他笑眯眯的样子,和蔼可亲。"阿里巴巴"的大名叫陈敦全,他在给我们开泛读课的时候,由他选编的油印课本第一课就是《阿里巴巴和四十大盗》,同学们读得津津有味。内容节选自《天方夜谭》,英语译本清新流畅,敦全师讲得绘声绘色,说到强盗打开宝库的咒语"open sesame"("芝麻开门")时,他模仿强盗头子,高举双臂,仰头闭目。

他的第一课就征服了全班男女,有调皮的同学忍不住给他取了绰号"阿里巴巴",以示他讲课出神入化。"阿里巴巴"这个威名就这么在同学间迅速传开了,当获悉这一"雅号"后,他也笑眯眯地欣然接受。

大学毕业后我担心自己的英语水平会倒退,就私下翻译了许多英语文学作品,先后出版有《天才的编辑》《香格里拉》《摩娜与杀手》等。遇上难点,我便找住在大南校舍的陈敦全老师讨教,他总是不厌其烦地为我释疑解惑。他有很多科研和翻译成果,如《众神之车》《启蒙到大革命:理性与激情》等,后来还获得了教授和博导的头衔。

吴玛丽老师是改革开放后厦门大学引进的第一位英语外教,她的一头银发说不清是因年老发白,还是天然发色,但绝对是标志性的。走近这位洋老师时,让人感到非常亲切的是她慈祥的微笑。她总在微笑,那种长者的、善良的、发自内心的微笑。

最令我们倾倒的是她的声音,如老奶奶讲故事一样的嗓音,带有磁性、微微沙哑、慢条斯理又抑扬顿挫,说起话来仿佛后来《狮子王》等卡通电影开始的道白:"Long long ago..."听这样的声音诵读英语课文是一种莫大的享受。后来外文系的电教室把她的课录起来,给全系乃至全校的同学听,十几二十年后,她的声音还不时在校广播电台响起。

大二的时候，吴玛丽老师教我们英语作文。她不仅上三个班的课，更要改所有人的作文，每周一篇。大部分的作文被改得星星点点的，不仅拼写和标点的错误她不放过，而且语法表达的错误，或如何表达得更地道更简练，她也一一指出。她在作文后还用红笔写上好几行评语，或批评或鼓励或兼而有之，她对我的一句鼓励甚至一度诱发了我改用英语写作的野心。

吴玛丽老师也有相当性急的一面，常常在中午就迫不及待地叫一位名叫毕建军的女生到她的住处去，把已经批改好的部分作文送到教室来，以便让同学尽快看到结果。不料许多同学争相翻看别人作文本上的批语和评分。吴玛丽老师知道后，第一次在课堂上生气了，并且说这样的事情再也不能发生了；同时她又非常真诚地向被翻看作文的同学表示了歉意。也许这是我接受的关于"尊重隐私"的启蒙教育，尽管当时我已经26岁了。

我们大学毕业后不久，好像就是在同一年，吴玛丽老师离开厦大到上海去工作。我到她在厦大招待所的住处去话别，送给她一本1981年第4期《现代外语》杂志，上面有我的一篇谈英汉翻译的文章。我真的很舍不得她老人家离去，但还是祝福她能到生活远比厦门安逸的上海去，她半开玩笑地说："你们外文系是怕我这个孤老婆子老死在这里。"

后来听说她去了刚刚成立的上海大学，暂住锦江饭店，上下课都有汽车接送，真是好消息。这是我听到的关于吴玛丽老师的最后信息。

蔡丕杰教授是我大学毕业论文《试论英国语言文学的"矛盾修辞法"》的指导教师。那是1981年的秋天，当时他癌症手术后不久，右腮上的刀口尚未愈合，不仅端庄的容貌受到影响，而且一边的嘴角下沉，导致话音有点变异。但他老人家仍旧每天从鼓浪屿的住处赶到学校来上课，一旦诵读英诗，依旧声情并茂，毅力惊人。

"文革"时先生多受政治运动的折磨,赶上好时代又横遭疾病的摧残,虽命运坎坷,但他始终以微笑面对生活。

我大学毕业后从事的科研工作与英语基本无关,但仍对蔡丕杰的"英美诗歌"的研究生课程很感兴趣。每每有他的这门课,我就仗着与先生的私交和大四时的师生情,旁若无人地径直走入小教室听讲。先生非但没有见怪,反而特别高兴。记得有一次因台风更改上课时间,他还特地要他的弟子雷天放通知我一声。他在课堂上极为动情地讲述英国诗人查尔斯·金斯莱(Charles Kingsley)的诗歌《迪依沙地》和《杜果树》,居然能用唐诗宋词的意境来对应解析,显露了老人家极深的双语修养,也因此诱发了我翻译诗歌的冲动。

其实严格说来,诗歌是不能翻译的,但有了蔡师出神入化的解读和自己初生牛犊的激情,两首诗都被我翻译出来了。其中《迪依沙地》一译进入我的论文《"西风东译"论质疑》,发表在《厦门大学学报(哲学社会科学版)》上,《杜果树》则发表在河南人民出版社的《叙事诗丛刊》总第 5 期上。当我在第一时间把两本期刊送到蔡老在鼓浪屿的家里时,老人显得非常高兴,颤颤巍巍地拉着我的手说长说短。

值得一提的是,蔡丕杰先生与鼓浪屿的渊源极深。他是早年鼓浪屿的著名教育家,德高望重,历任英华、毓德校友会理事长和原鼓浪屿区侨联名誉主席。蔡老一家都是从事教育的,记得第一次上鼓浪屿蔡家拜访,我敲门时,蔡老的儿子蔡望怀先生就问我:"您找谁呀?"我说:"我找蔡老师。"他幽默地说:"您找哪一位蔡老师,我们家可都是'蔡老师'。"

大名鼎鼎的文学翻译家徐元度,笔名徐霞村,也是我读外文系时的老师。他是《鲁滨孙飘流记》的首席译家,著译等身。"文革"后,丁玲有一次来厦大,看到徐霞村,很亲热地跟他打招呼。他

1947年就来厦门大学中文系任教，后来转到外文系。他和我父亲惺惺相惜。我父亲是文学青年出身，对徐霞村很是敬佩。

徐霞村

1974年，我在厦大外文系食堂打工时，徐霞村在外文系编撰《英语成语词典》，我们算是"同系员工"。我自学外语，双目失明的父亲就让我找徐霞村。他当时住在厦大医院附近的大桥头筒子楼，老夫妻俩生活，外人几乎不知道他还有子女。他对我很热情，还让我看他的一个宝贝——一台电视机。记得那是台9英寸上海金星牌黑白电视机，可惜拨弄了许久，只有几个模糊而无声的影像。这是我平生第一次见到电视机。

"文革"结束，厦大"右派"教授们先后咸鱼翻身，开始过上了发挥余热的日子。徐霞村和我父亲都重上教坛，我也成了他名副其实的学生了。记得入学不久后的一天，徐老师在囊萤楼一楼的门廊处大声地斥责我的一群同学。很少看见温文尔雅的老人家发这么大的脾气。原来是同学用热水瓶排队打开水，有人随意窃取别人的瓶塞，结果形成了一个"窃取链"，我偷你，你偷他，恶性循环。

"勿以恶小而为之",老人痛心疾首的模样至今历历在目!

1981年,74岁高龄的徐老师积极参与了思明区人大代表的竞选,他和历史系学生会主席孙亚夫(后任国台办副主任)竞选一个名额。他获胜后正儿八经地在囊萤楼的出口摆上桌子,要听取选民的诉求。

徐霞村老师于1986年病逝,晚年最大的成就是参与主编《综合英语成语词典》,里面的例句很多来自英美文学的经典。

1957年著名文学翻译家林疑今教授在复旦大学被打成"右派",1959年时任厦大校长的王亚南有胆有识地把他收罗到了门下。又经过了20年的磨难,苦尽甘来,复出的林疑今教授出任厦门大学外文系主任。他老人家给我们班开了英美文学的课程,讲授海明威的小说。尽管教务繁重,他还多次到课堂听课,记得白汉民老师讲莎士比亚的一堂课,林疑今教授自始至终就坐在我们的教室里,一边听一边不时地在笔记本上做记录。他还常常深入我们男生宿舍"访贫问苦",并应我们的要求谈了他小学时在厦大和他叔叔林语堂的往事。

林疑今

我把林疑今教授的这些教学细节告诉了父亲,他十分欣慰地说,20世纪60年代初他曾和林疑今同在一个"右派"改造学习小组,也算是厦大的老同事加"难友"了。我父亲20世纪40年代在长汀读书时,林疑今的父亲林玉霖教授(即林语堂先生的二哥)是他的英文课任教师,现在林疑今成了我的老师,这可是难得的两代人的师生缘。有了这样的缘分,我也就越发大胆,大学毕业后不久,我敲开西村林家的大门,把自己的一篇关于爱尔兰小说的译作《他出海去了》呈送百忙中的林疑今教授修正,老人家欣然答应。后来我的译作发表在了花城出版社的《译海》杂志上。

林疑今教授20世纪30年代的译作《永别了,武器》于1980年由上海译文出版社重新出版,后荣获全国翻译文学一等奖,听说当时他曾签送给了他的研究生每人一册,让我们本科生羡慕得不得了。林疑今教授是1992年因病去世的,享年79岁。

我对黄诚明老师的印象始于1979年的拨乱反正时期。那时黄老师遇上两件幸事:第一件幸事是他的"右派"问题得以改正,他重上讲台,从管理图书的"冷宫"转到了英语精读课的教学岗位。他的学生、后来担任福建师大外国语学院院长的林大津教授曾动情地回忆道:"黄老师经常用英语讲一段段关于庄子的故事,中国故事、地道英语,从中我若有所悟,黄老师在图书馆里读了海量的中英文书籍。"

他的学生、香港中文大学管理学系系主任钱共鸣教授对黄老师的绅士风度印象尤深:"黄老师说话轻声慢语,不徐不疾,彬彬有礼。"他的学生、闽南师范大学外国语学院副院长黄宁夏回忆道:"黄诚明老师除了无可挑剔的英语水平外,更令人佩服的是其课堂贯穿着中国古人的智慧。一次上课时,黄老师特别讲到孔子请教老子的故事,通过牙齿与舌头的关系,教育学生处世为人不要过于刚硬……"

　　黄老师的第二件幸事是他获准到香港探亲。他按捺不住喜悦的心情,在课堂上告诉同学们这个消息,大家对黄老师的暂时离去表达了强烈的不舍。黄老师平静地坦言道:"I love you all,but I love my wife more!"("我爱你们大家,但我更爱我的妻子!")那年月"文革"结束不久,人们还不大善于直接用"爱"字表达男女之间的情感,黄老师的直言不讳语惊四座! 当年还有一个公开的"秘密",黄老师就是由于大无畏的爱情而遭陷害,被情敌打成"右派"的,动人的细节堪比电影《芙蓉镇》《牧马人》。

　　黄诚明老师晚年回厦大会独自到勤业餐厅用餐,我和他时常路遇并寒暄。我的第一本书《爱译随笔》离不开他英汉双语的教诲,记得书出版的第一时间就送到他的手上,他久久握着我的手,双眼尽是期许的目光。

五、我和陈碧笙先生

　　由于是"老三届",大学毕业时我年纪不小了,父母也老了,他们很希望我能留在学校里工作,当时厦大台湾研究所成立不久,很需要人手。这是大陆第一个台湾研究所,专职的所长是陈碧笙教授,大家都叫他"陈碧老"。当时陈碧老找出一本台湾留美学者黄树民教授的人类学论著,要我译成汉语。之后就以此为由,把我安排在台研所工作,这一干就是 12 年。后来我才知道黄树民的这部论著早有中文本了。

陈碧笙

　　陈碧老走马上任伊始，承担了一个国社科"六五"规划研究课题"中国人口丛书台湾分册"，要我担任他的助理，因此老小之间来往是频繁的。陈宅在半山上的凌云楼，掩映在绿树丛中，推门可俯视厦大校园全景，极目远眺，鹭江风光、台海烟云尽收眼底。陈碧老一生起伏跌宕，绝对算得上是一个风云人物：他1932年毕业于日本早稻田大学，24岁就任上海的大学教授。1934年"闽变"时曾任蔡廷锴政权的财政局局长，后又到云南做过边贸，据悉1945年台湾光复时曾经作为国民政府的要员到过台湾。当然他能当台湾研究所的首任所长，主要是因为他的学术研究成果。他对民族史、华侨史和台湾地方史都有研究，还出版了大陆第一部台湾通史——《台湾地方史》(中国社会科学出版社1982年版)，这本书被台湾学术界称为大陆"最好的一本台湾通史"。

　　陈碧老在1945年加入中国民主同盟，新中国成立后在民盟福建省委任要职，1956年到厦大当了教授，阴错阳差赶上了反右斗争,被错划为"右派"。"文革"时再次遭难,被关押在厦大"红卫三"(现在的芙蓉三)造反派的临时班房里。这时我在双十中学就读,由于"出身不好",与红卫兵无缘,闲在家中,成天给被红卫兵软禁在丰庭二的母亲送饭送药。丰庭二与芙蓉三之间有一处公共浴室,阴暗且残破不堪,经常有一位身材比较高大的老人家在里面冲澡,不分冬夏春秋,我对这位敢于洗冷水浴的在押老人当然另眼相看了。人家告诉我:"他就是'右派分子'陈碧笙。"想来在那样的时候,他颇有一种闲庭信步的大将风度。

1979 年之后,陈碧老得到了特别的重用,首先是恢复了教授的职称,然后担任了历史系系主任的要职,接着是民盟厦门市主委、政协厦门市副主席、民盟中央委员。政治上和学术上的地位是应有尽有了。他在担任台湾研究所所长期间,带了两批研究生,后来厦大台湾研究院的学术骨干包括范希周、李非等人都是陈碧老的门生。

陈碧老任职期间,还与多位台湾地区在美国的学者如美国天主教大学的李哲夫教授、美国国际开发署赵景垂博士、艾奥瓦州立大学的黄树民教授等多有来往,诸如交谈、宴请等许多场合都是由我作陪。1985 年之后,他先后从各种职务上退了下来,仍笔耕不辍,最后的几篇有关台湾少数民族的研究文章附在厦门文化丛书之《厦门与台湾》之后。文章是《17 世纪上半叶台湾西南部海岸平埔番社会经济发展水平初探》《清代汉族与平埔诸族之间的矛盾与融合》等,我问了丛书的副主编李熙泰先生,得知是陈碧老自己要求放在附录的。他感到来日无多,于是匆匆地把他最后的研究成果附在他为之作序的书后。陈碧老谢世后,我调到人口研究所参与《高山族人口志》的编写,上面附录中的几篇文章居然成为我反复参考的对象。

陈碧笙教授参加台湾问题全国学术研讨时留影

右二为陈碧笙

六、我和郑朝宗先生

郑朝宗,字海夫,学贯中西,和钱锺书是清华的同学,在厦大文坛是首屈一指的人物,早在 1938 年就在厦门大学中文系任教。记得 1991 年厦大 70 周年校庆的时候,海外校友为老校长萨本栋立碑,一致推举郑朝宗学长撰写碑文。结果真是字字珠玑,精短而苍劲。

在新中国成立之前,他在思想上应该是左翼的一员。1949 年秋他被派往英国剑桥大学攻读英国文学,之后随着厦门大学新校长王亚南的一声召唤,他即刻中断学业,放弃了在英伦优越的生活,放弃了博士学位,以满腔的热情回国效力。他这段时间的日记在鹭江出版社 2000 年出版的《郑朝宗纪念文集》中得以披露,那种情感炽热而鲜红。1951年至1958年初,他担任了厦门大学中文系教授和系主任、福建省文联副主席和厦门市文联主席、厦大工会主席等,还曾担任农村土改工作队的队长。没想到,他在1951年政协会议上说的一段话竟成为他被打成"右派"的罪证。他说:"(古希腊的)雅典和厦门一样,地处海滨,人口不多,而文学艺术之盛、人才之众,在古代西方无与伦比,到现在仍然令人艳羡。厦门的自然条件和雅典不相上下,难道不能也像雅典那样涌现出大批第一流的诗人、戏剧家、雕刻家来吗?事在人为,我把希望寄托在市领导身上,希望他们能像雅典全盛时期的执政者伯里克利,大力提倡文艺,奖励作家和艺术家。"当时厦门是海防前哨,郑朝宗居然有如此"妙想",自然在劫难逃。

他先是接受校园内的劳改,然后当一个资料员,有饭吃,有衣穿,也有生活费80元,靠着这点生活费供养着全家六口人。比起其他"右派",他算是待遇不错了,但精神上的痛苦却是难以忍受的。长夜漫漫,幸好他有一个相濡以沫的妻子。郑朝宗在那篇感人肺腑的散文《怀清录》中是这样怀念自己刚刚去世的爱妻的:"(新中国初期)那几年天下虽然太平,阶级斗争的弦却拉得很紧,对此她感到忧虑,时时劝告我要平心静气,少发议论。我没听她的话,果然在一次运动中,一个跟头栽到泥潭中去了。后来虽然归了队,但在整整20年中成了不可接触的'黑人'。我是咎由自取,而她却无辜受累。真金不怕烈火,她是经得起考验的,无论处顺境或逆境,始终保持本色,从前既不自矜,现在也不自馁,态度总是那么安详……"《怀清录》在《随笔》杂志发表后,《散文选刊》做了转载,我是把它当成可以与巴金的《怀念萧珊》相媲美的散文来读的。记得1994年我参与编选《厦门优秀文学作品选1980—1993》时,郑朝宗先生的弟子俞兆平就所见略同地挑了《怀清录》作为散文卷的开卷之作。先生的散文随笔功力深厚,篇篇精短凝练,无论写景状物,忆旧抒怀,还是随感杂录,皆娓娓道来,朴实自然,堪称学者散文素净的经典,他曾结集出版《护花小集》《梦痕录》《海滨感旧集》。

1979年改正之后,他已年近古稀,仍再度出任中文系系主任一职,首创"钱学",指导研究生开展对钱锺书的研究,撰写并出版《〈管锥编〉研究论文集》,在海内外引起很大反响。"在繁忙的教学、行政工作之余,为提高青年教师的外语水平,还每周抽出两个晚上,给青年教师上英语课,冬夏无间,风雨无阻。那段时间总看到他提着手电筒和保温杯,挟着课本,在朦胧的路灯和树影中穿过校园,精神着实令人敬佩。"(林樵:《性僻心却热——郑朝宗先生印象记》)我就是在这个时候开始与先生有了接触。我在1977年考入厦大外文系,学的是和先生同一个专业——英国语言文学,可惜并没有机会聆听先生的教诲,隔系如隔山,当时是没有什么选修课的。1982年春我的论文《"西风东译"论质疑》发表后,郑朝宗先生在北京的挚友熊德基,中国社科院历史研究所副所长,看到后给先生来信,以为我论文的指导教师非郑朝宗先生莫属。事后先生见到我母亲时提到了此事,并说了鼓励的话。母亲十分高兴,认为熊的误认是对我最高的评价。我为此大受鼓舞,在全国8家外语学报上发表了8篇类似的译评论作,这些作品后来均收录到我的第一部个人文集——《爱译随笔》中。

1983年江苏省《译林》杂志举行全国翻译竞赛,英文原文是美国作家的一篇短篇小说《儿子》。我雄心勃勃地投入翻译中去,但很快就发现翻译的难度很大,其中有一个副词的处理怎么看都别扭。我与好些同学和老师探讨,又与父母亲讨论,但译来译去,总感到达意时表达不顺畅,而表达顺畅时又感到与原文的含义有距离。母亲1945年在长汀读厦门大学时,虽然读的是历史,但选修了先生的文学课,对先生的学养十分崇敬。于是年过半百的母亲为了我专门请教了当时年过七十的先生。他沉吟片刻,在我的译句上动了两个字,结果是文从字顺,含义贴当,真是绝了！先生的文字功力令我惊叹不已,也对我产生了很大的影响,文字的锤炼真是永无止境的。

1986 年我在小说创作上有了小成绩,一年内有多篇作品被《小说月报》《小小说选刊》等转载,于是萌生了参加福建省作家协会的念头。母亲又向先生打听入会的办法,先生说没问题,由他自己担任介绍人。于是先生当晚就给省作协主席郭风去信索要入会表格,填表后发现介绍人二缺一,先生把我的表格直接寄给郭风,并要他当第二介绍人。不久,省作家协会就传来了我入会的消息,并约我在《福建作家报》写了感想。那篇短文以《新兵四人谈》为题发表,另外三人是张鲁闽、朱水涌、徐学。

1988 年,王伟伟到西北大学作家班读书,由我代理厦门市作家协会秘书长一职,处理一些简单事务。因为要填一张表,我这才有机会第一次直接到先生家里。这时先生的身体极差,腿脚也不灵便。但先生见到我非常高兴,被病魔折磨得枯干而焦黄的脸上有了一丝笑容。他叫我稍等一下,就到里屋去,然后送给我一本出版不久的《海滨感旧集》,封环是钱锺书的题签,封面素净。特别让我感动的是,先生用他娟秀的钢笔字在扉页上一丝不苟地写下"启五同志指正,郑朝宗敬献",还盖上了他的方章。后来得知,他的得意门生都不曾有过这样的馈赠,客气的"敬献"更让我受宠若惊！

几天之后,有人敲门,我一开,居然是先生把表格填好后送上门来了。说好由我登门去取的,可他却说:"怎么好再让你跑一趟。"望着先生颤颤巍巍远去的背影,我感慨万千。不久,他就闭门谢客,也拒绝了文联和作协的一切活动,包括慰问和表彰。1998年,先生被老病折磨多年后逝世,享年 86 岁。

七、我成了厦大教工二代

　　1981年,第三次全国人口普查开始了。每个省级行政区都要根据普查的资料写一本书,组成"中国人口丛书"。台湾省的这一本由厦大来承担。当时我刚好大学毕业参加工作,领导就说:"你会写东西,台湾分册就由你来写。"我当时根本不懂人口学,但居然就这样稀里糊涂的,从此搞上人口专业研究,直到退休。

　　台湾是中国的一个省份,在所有分省编写的丛书里面,不管是地理的、人口的,还是其他,都会有一本台湾分册。比如,原国家计生委主持的《中国计划生育年鉴》等,所有涉及台湾的部分都是我写的。我也因此留在了厦大台湾研究所。后来台湾研究所里面只有我一个人搞台湾人口研究,所以学校就把我转到人口研究所里面。

1984年《中国人口·台湾分册》编委会成员在厦大西村合影

厦大台湾研究所有一笔专门的经费，可以用来在香港买台湾的书。台湾每个月都有出一本《统计月报》，各种数据非常齐全。所以我做起相关研究来倒是很容易，因为数据增减什么的，都是一目了然的。

我父母不懂人口学，我也是自己慢慢摸索出来的。有一次去北京参加一个联合国组织的人口研究培训，培训了一个月，算是入门了。

一开始，台湾研究所工作比较轻松，后来学校规定台湾研究所也不能专门搞研究，必须开课。我就去开台湾人口课、世界人口课、集邮课、中国电影欣赏课等。在中国电影欣赏课上，我每次放一部电影或一个录像，然后就跟学生讨论里面的主题。我的世界人口课，讲土耳其那段，还被拍成录像，在全国交流中被认为是开得最好的课之一。

八、我的集邮生涯

易中天教授刚来厦大的时候经常来我家，因为他爱人要买邮票，而我是厦大集邮协会副会长。当时发行的《水浒传》系列邮票很难买，所以他就找上门来。再后来他出了《中国的男人和女人》《读城记》等几本书，都签名送给我。

现在集邮是一个"夕阳爱好"，渐渐走向没落。但是各地的集邮协会还保留着，邮展的机构也保留着。

邮票面积很小，但是知识容量很大。它是一本小型的百科全书，用最具代表性的图案、最好的颜色、最好的设计来帮助你认知世界。

我哥哥集邮，我五六岁就跟着他开始集邮了。我哥哥后来放弃集邮了，但是我坚定不移地把这一爱好贯穿一生。

1983 年厦大集邮协会师生理事合影

左二为郑启五

1994 年郑启五在邮展上接受采访

集邮分很多种类型，有邮展型、投资型、综合型、情趣型等。比如，邮展型就专门收集一个专题的邮票，然后去参赛，争金夺银。更多的是投资型，做一点小买卖。还有一种综合型，搞点邮展，也做一点小买卖，也有情趣。我基本上属于情趣型，极端的情趣型。

集邮的爱好能持续到今天，可以说和父母亲对我爱好的大力支持分不开。父母亲会千方百计地给我搞邮票。他们的学生中有不少在海外，从各地用邮票寄信过来，父母亲都会主动帮我留下这些邮票。父母亲写信的时候也都主动买纪念邮票来贴，然后我用自己的小钢笔在邮票下面写："邮票请寄回集邮用。"

记得改革开放初期，家里迎来了一位台湾客人，是父母亲在厦门大学读书时的同学，年逾花甲的老人们容光焕发地沉浸在龙山诵读、汀江放歌的旧忆里，客厅不时传出爽朗的笑声。客人留下一件小礼物，父母亲把它转送给我。这是一张8开的活页邮卡，卡上的玻璃纸横格中插着5套台湾的老邮票：有幽香的兰花，有翩飞的大雁，有货轮沉浮于海天之间，也有台北故宫博物院古色古香的宋代名画。设计的简朴与刷色的暗淡更显魅力，老邮票如酒，越陈越妙！

我突然问道："你们的老同学怎么知道我集邮的？"父亲大为得意："当然不知道，但歪打正着呗！他可是个拥有三四十年邮龄的老邮迷。这次回来前，他考虑再三，大陆亲朋丰衣足食，自个儿又老来无缚鸡之力，便从邮册中抽出这些轻飘飘的老邮票，权且当礼物，千里送鹅毛嘛。"我越听越觉得不对劲儿，老邮票是老邮迷的心头肉，"抽出"谈何容易？我急忙追问："那你是怎么回答人家的？"父亲眉飞色舞："我只是说礼轻情意重嘛，我那邮迷儿子新老邮票都喜欢得要命。"我做仰天长叹状，道："老爸啊老爸，你出言如此缺乏'邮识'，实乃愧为一名大陆邮迷的老爸！"可父亲根本不以为然，倒是逗得前来赏邮的嫂侄妻儿个个笑得前俯后仰。

　　当我郑重其事地列出这些老邮票的市场价值时，父母亲顿时收起笑脸，再三询问是否戏言。二老感到不安，把人家的厚礼当成"鹅毛"随便收下，有违他俩大半辈子处世为人的准则。我趁着兴致，唱了一段京剧的"西皮流水"，戏谑一番："父母大人不谙集邮，几十年我行我素，到如今智者千虑，竟一失于亲子通晓的邮情，可谓千古奇冤也！"

　　关于集邮散文，我曾先后在《集邮》杂志、《集邮报》、《福建邮花》等开了专栏，并出版集邮散文选《集邮情感》《集邮随想》《郑启五集邮日记》等三本书，满满当当都是文字。2003年之后，以每年一本的速度，将集邮散文汇聚成一本本电子书，放在安徽出版集团提供的"时光流影"网站，永不停步！

郑启五著《集邮情感》

郑启五著《郑启五集邮日记》

　　我在集邮散文写作中,强调一定不能只是资料性的介绍,而要文中有我。这个很重要,所以我写出了一点名堂。一位台湾邮友吴慧民邮寄给了我台湾《风筝》邮票的首日封,我写了《又见风筝》,被江苏科学技术出版社编入《初中语文阅读空间》。

　　1978 年发行《奔马》新邮票,正好契合了全国上下要求思想解放的气氛,但全国集邮活动尚未完全恢复。于是,1979 年 9 月初,还在厦门大学外文系读大二的我给《光明日报》写了一封信,率先发出全面恢复集邮活动和复办《集邮》杂志的声音。《光明日报》在当年 10 月 14 日的《读者来信》栏目中刊发了我的呼声,并附上中国邮票总公司业务处的答复,称北京、上海等城市已成立了邮票分公司,其他城市也在积极筹办;《集邮》杂志正在紧锣密鼓地筹备中,预计几个月后就可与读者见面。

郑启五给《光明日报》写信

从 1957 年到 2017 年，我与邮票结下了六十载的"深情"。2017 年 9 月，举世瞩目的金砖国家领导人第九次会晤在厦门举行，能不能借此良机为厦门增发一套邮品？于是，2016 年 10 月我便撰文向国家邮政局提出了为金砖会晤增发一套纪念邮票的请求，在国家邮政局网站刊登后被多家报刊媒体采用，引起了较大的反响，并受到邮票发行部门的重视。

2017 年 7 月，国家邮政局发行了厦门《南普陀寺》普通邮资明信片，我非常兴奋；紧接着，8 月，《金砖国家领导人厦门会晤》纪念邮票正式发行，上面有着厦大的建南大会堂。我从小在南普陀寺旁长大，把南普陀寺看成我的后院；而生活了大半辈子的厦大则是我的前庭，建南大会堂是厦大的标志性建筑。前庭和后院都上了国家名片，真让我喜出望外，我甚至把它看作纪念自己集邮 60 周年的最好礼物。

九、我的写作生涯

读大学时，厦大每年到校庆时都有两个大赛：一个是全校的作文大赛,另一个是全校的英语大赛。我是为数不多的两个大赛都能参加的人。我的英语成绩不算很好,但是我有勇气去参加这个比赛,也在比赛中加大自己的学习压力。而每次作文比赛我都能获奖。比如,我1980年获奖的散文题目是《洁白的芳香》,当时《厦门大学报》以半个版面的篇幅来登载。这篇散文从玉兰花的香味,联想到我在厦大幼儿园的经历。到了纪念厦大幼儿园成立70周年时,又有人来找我,要我写园歌。真的很有意思,一篇小文章竟然被人念叨了几十年。

我参加作文比赛的文章,父母都帮我修改过。这唤起了他们当年作为文学青年的激情。从某种意义上来说,我实现了他们最初的文学梦想。他们一个把自己献给了历史学,一个献给了马克思主义;而我,反其道而行之,从事人口学研究,却把一生的真正精力献给了文学。

长篇小说我没写过,但写过长篇报告文学《金门战役》。本来要出书的,后来因为当时几个流行杂志抢着先刊发了,就没有出,最后发表在《传奇文学》上。

那时,我写小说还是小有名气的。当时相当长时间内,没有一部真正反映大学生进行人生思考的作品,我在1986年写了小说《国际玩笑》,以调侃的口气描写了一群外文系的男女学生组成联合国的故事。后来这篇小说获得了《福建文学》年度最佳奖。

1986年,《小说月报》有两次转载了我的小说。文学圈子的活动我也会参加,《厦门文坛纪事》这本书就专门分享了我在文学圈子里面的活动。青年作家南宋先生为此书写了序言——《永远的文学青年》,有那种“一事能狂便少年”的味道。

20世纪末,电脑开始进入百姓家庭,我立刻买了一台实达电脑,开始用电脑写作。我把学电脑的经历写成散文《电脑大巴一日行》发表在《光明日报》上,并随即在网上开了我的第一个个人博客

"郑启五美食散文网",以一个"吃货"的形象扑向数码大潮。我把关于美食的旧文新作贴上网页,心中充满了喜悦。

郑启五著《厦门文坛纪事》

2007年厦门网开了"海峡博客",简称"海博",我立马加入,取名"郑启五品茶"。此后十几年,我也兼顾新浪、百度的博客,乐此不疲。

此后博客式微,网上各家纷纷关门谢客,作为同城博客的海博坚持线上线下两翼齐飞,坚持到2021年,也到了偃旗息鼓的时候。如今我常用的有微信公众号、百家号和今日头条。

除了把写博客当成散文写,我也不断地尝试发挥媒体舆论监督的作用,如《八问厦门水务公司》《中山公园容不下百姓一壶茶》《公交车统一漆色有必要吗》《小区院落晾晒被子何罪之有?》等。同时在厦门电视台我参与的《TV透》节目和我在《海西晨报》的专栏《启五品茶》一起发声,大多取得良好的社会效果。

在微信公众号"厦门郑启五"上的写作,我几乎日拱一卒,每日一帖:有的观察社会有感而发,有的回味往事朝花夕拾,大多接地气讲真话,自得其乐,与君同乐。不知不觉,粉丝竟已过万。

2008 年元月厦门市作家协会和金门县写作协会欢聚一堂

后排左八为郑启五

多年来,我注意到有一位叫"苏建民"的读友天天都来捧场,篇篇留下点评,而且都写得很认真,百余字乃至大几百字,有板有眼,或同仇敌忾,或史料唱和,或一家之言,或点赞喝彩,加之文笔的流畅、文风的抒情,为我的微信公众号增色不少。微信自动统计,他的留言已经多达 758 篇,日复一日,不离不弃,从无缺席! 这也成为我永不懈怠的动力之一。

我的多位微友渐渐养成了阅读苏建民留言的习惯,不止一人询问此君何许人也。我坦言告知与他并不相识。他应该是同龄的老厦门郎,相逢何必曾相识,人生难得一知己。

2024 年 3 月 7 日,他在我的微信推文最后留言 311 个字。没有苏建民的日子让我若有所失,最后我尝试从微信公众号"厦门郑

"启五"发出呼叫,一如机场的塔台呼唤失联的客机:"苏建民你在哪里？我期待着你的第759条留言！"结果等来最难以置信的结果:他突然离世,时间是3月8日的凌晨……

我反复阅读苏建民先生3月6日和3月7日最后的两则留言,满怀伤感并行永远的注目礼:

人们喜欢雕塑是因为它们不仅具有审美价值,还能传递历史文化气息,象征精神文化,装饰美化环境。随着社会的发展,雕塑艺术在不断进步,它为人们提供了更多创意和审美选择。人们习惯了传统的方式,因此对类似于五缘湾雕塑这种新颖的艺术感到新鲜和喜爱。五缘湾的雕塑形象丰满、生动,能够清晰地表达人们想要表达的内涵。雕塑不仅具有社会性,还承载着艺术性,能够迎合当代的审美情趣和文化。厦门五缘湾的雕塑线条流畅,凸显出强烈的时代气息,仿佛在叙述一个充满生气的故事。这座雕塑的布局设计简洁大方,令人心驰神往,同时也体现了五缘湾的独特魅力。它透露出浓郁的民族特色,成为湾区的文化符号。这尊雕塑的颜色搭配巧妙,堪称雕塑的绝品,成为五缘湾独特的文化符号。(苏建民)

厦门思明区鹭江街道赖厝埕,有一处始建于1942年的鹭江剧场,曾经是厦门的文化地标,承载了半个世纪老厦门人的文化娱乐生活。2014年,厦门市政府将这个已经变成危房的老剧场拆迁,在原址上建设了一个老剧场文化主题公园,成功留住了这个老剧场的根与魂。在这里大部分是做废物利用,利用的都是旧城改造所拆卸下来的一些老物件,然后重新把它复原在这,让来到公园的人感觉到,这里是一个有回忆、有思考、有童年的味道的地方。不少老厦门人回到这里,还能找到当年的感觉……在这里,深厚的文化底蕴孕育了独具特色的人文精神。这里的人们尊重传统,热爱生活,对艺术有独特的见解和追求。在这里还有一间旧书店,书店是城市的灵魂,是我们心灵的栖息地。书店中那些老书散发着淡淡的纸香。它的纸张由于岁月的摩挲,仿佛有了历史的质感,在这里任思绪翻阅千卷,感受岁月的沉淀,它见证了城市的发展和变迁,这里不仅是书籍的聚散地,更是历史的见证者。(苏建民)

有网友留言:

　　每次读完您的微信,留言我是必看的。因为我一直在关注苏建民的精彩留言,很想知道他为何方神圣。但我首先被他的真诚质朴、博学多才、锲而不舍的点评风格吸引,进而赞赏,宁可相信这是您的真诚挚友,或者是铁杆粉丝。如今您的这篇文章真让我为他精神所感动,真令人扼腕叹息,真是难能可贵的性情中人呐。

　　一直以为苏先生是你的好友,且是厦大某苏姓人家子弟,才知道原来是您素未谋面的老三届届友。他总是第一时间留言置顶,点评内容丰富、知识点多,极具老三届人的认真执着、锲而不舍、广闻博览的特征。可惜了,苏先生一路走好!

这是发生在消费主义时代,文学沦落为庸常生活附庸的一个故事。故事的主角不是我,甚至不是苏建民,而是网络写作带来的平民化、无界化后,作者与读者,与无数网友共同创造的一段传奇。

我很庆幸,写作爱好变成了生命中最坚强的后盾。

此外,值得一提的是,由于对文学的喜好和对语词的敏锐,我一开始看到当时铺天盖地的台湾报纸,就发现两岸的语词有很大不同。我在这方面进行研究,然后在 1989 年出了《海峡两岸用语差异》。这是海峡两岸第一本这方面的书。

郑启五著《海峡两岸用语差异》

当然,这种语词的差异不会大到影响两岸的交流,甚至还能平添交流中的乐趣。但是,这一个语言现象是很值得关注的。两岸产生的那么多不同,包括政治、经济制度的不同,衣食住行等文化的差异,都会在语言中反映出来。

十、我的土耳其孔院生涯

厦门大学国际中文教育学院、厦门大学海外教育学院举办 2023 年孔子学院院长沙龙,特邀 4 名孔子学院的老院长讲述各自亲身经历的海外故事,与行将出征的新院长们做一个面对面的分享。

很荣幸我也被选为 4 位老院长之一,侃侃而谈,仿佛又回到了那个激情燃烧的岁月。

2023 年孔子学院中方院长沙龙

左一为郑启五

我的人生中，在土耳其进行的对外汉语教学的两年，也是我最引以为傲的两年！

土耳其政府颁发给郑启五的水晶奖碑

　　2008年，我从厦门大学人口研究所调出，外派土耳其中东技术大学从事对外汉语教学工作，担任孔子学院首任院长。初创时期，在长达8个月的时间里我单打独斗，一个人往返于土耳其的安卡拉和北塞浦路斯之间，为两地三个班的学生上汉语课。曾经连续十个星期没有任何假日，在极度的疲惫中享受拼搏的快感。尽管在此之前，我从来没有任何对外汉语教学的经验，但我坚信只要有责任感，只要用心努力，一张白纸可以绘就出任何的图画。

郑启五在土耳其

　　我的生源无疑都是最优质的，从本科生到博士生应有尽有，他们对中国文化的热爱更是超乎预料，但他们从拉丁字母进入方块字的初学阶段，信心不足，形成了"爱汉语拼音，怕汉语文字"的矛盾局面。有一位同学甚至询问："今后汉语课的考试是考拼音还是考汉字？"当他获悉很难逃掉方块字的挑战时，"当机立断"弃课而逃。

　　这对我的"一个也不能少"的努力打击很大，甚至担心有连锁反应。校方规定选修课有半个月的试听期，此间可以随时换选，在这里，英语是必修的，选修的第二外语中，由于历史和现实的原因，德语有优势，我们汉语与俄语、西班牙语、希腊语、法语和日语几乎平起平坐。要巩固汉语的营盘，必须全力以赴，除了让试听的同学们爱上汉语拼音，还要让他们知道汉字的"一、二、三"不过伸伸手指般地轻而易举，"我们、你们、他们"区区一个"们"字就搞定了"我你他"所有的复数，最令人高兴的是"昨天、今天、明天"，紧随其后的所有动词几乎没有时态变化，"昨天吃饭，今天吃饭，明天还是吃饭"……我把汉语比英语简便的地方大加"渲染"。

郑启五在土耳其中东技术大学讲授汉语

有一个学期，每周二我应邀到安卡拉著名的阿塔图尔克高级中学讲授"新实用汉语"。这是我们孔子学院的汉语教学从大学生向高中生的延伸。我要连上四节课：九年级一个班两节课，十年级一个班也是两节课。从教学探索与人生体验的角度，这绝对是非常难得的经历。

十年级的两节课首战告捷，于是我马不停蹄，转往九年级的课堂，却出现了一个意想不到的情况：校方的某个环节出现问题，课本没有复印好。怎么办？课是上还是不上？如果要上，该怎么上？

上周已经有了"介绍和开学",该预先说的都已经说完了。全班33位同学的眼睛齐刷刷地盯着我,他们不知道这个中国老师的心里正在打鼓啊!

这个班的同学们曾在土耳其的汉语老师那里学过短期的汉语,对汉语拼音和简单的几十个汉字有所了解。我这次换了中国国家汉办推荐的《新实用汉语课本》,原来准备的教学安排是前面几课逐句过一遍,学生手头没有课本显然是行不通的。计划一下全乱了,情况显然有些棘手。

突然间,我的目光落在了书包里一堆中国邮票上,这是我准备在课后送给同学们的小礼物,每人两枚,以增添同学们学习汉语、了解中国的兴趣。我灵机一动,有了,今天就先让这个配角救场,率先出马吧。于是就在黑板上用拼音和汉字写出"今天我要送给大家一个小礼物",可惜"礼物"这个关键词让他们傻了眼,全班静悄悄的,露出不解的眼神。但一经用英语"gift"解释,大家一阵欢呼,进而掌声雷动,土耳其民族那种热情奔放的性格在这些学子身上尽情展现。

两位同学开始发放邮票,我觉得救急的中国邮票此时美丽无比,它们正变化成一对对彩蝶,翩翩飞向土耳其原野上一丛丛盛开的花朵。兴高采烈的我抓紧时机,在黑板上写出了今天现场编写的课文《两张邮票》,这四个汉字成了今天听说课的内容核心。之所以用"张"而非"枚",是因为"枚"不是教学大纲要求的常用汉字。

先教"两张邮票",再教"两张中国邮票",进而扩展成"我有两张中国邮票",随即变化成"美国邮票""英国邮票""土耳其邮票"等。

耳聪目明,心领神会,他们听和说的能力也在迅速地变化和扩展,真实的"两张中国邮票"魔术师般地演化成虚拟的"成百上千的各国邮票",当我最后说出"我有十一张中国邮票,你有二十三张土耳其邮票和七张法国邮票，他有四张德国邮票，我们都有邮票"这么长的一段话时，全班有半数以上的同学举手，要求展示自我复述和释义的能力。哈哈，这群活泼而聪慧的中学生！

　　课间休息的间隙，许多同学不忍离去，把我团团围住，争相用简单的英语加汉语与我进行吃力的却是兴致勃勃的交流。有的问，是不是有了中国邮票就可以写信到中国去；有的拿出一张《国际奥林匹克委员会成立一百周年》的邮票问，纪念的是不是北京奥运会；最精彩的提问来自一位男生，他问为什么邮票上的汉字是"中国邮政"，而我在黑板上写的却是"中国邮票"；最羞怯的问题来自一位小女生，她几乎是贴着我的耳朵说："能不能再多给我几张？"

郑启五与安卡拉阿塔图尔克高级中学汉语课的学生合影

　　我笑了，笑得非常开心，身为教书匠，还有什么能比这样的收获令人开心？

我也差点哭了,热泪突然在眼角打转。这些邮票都是我那86岁的老母亲多少年来因为我的集邮爱好而从信封上一张一张剪下来的,现在它们都有了一个更加美好和宽广的去处。

2009年中秋节,借土耳其中东技术大学孔子学院成立一周年的庆典之际,我在校园的草坪上挂起几个红灯笼,再摆开一条长桌子。秋阳高照,我穿上红色的唐装,有模有样地开启了土耳其的大学中第一个中秋月饼品尝会。

2009年中秋节,郑启五在土耳其中东技术大学举办中国月饼品尝会

土耳其人很喜欢喝茶,也特别喜欢甜点,但他们绝大多数人从来没有吃过月饼,甚至从未听说过"月饼"这个词。

我把从国内空运来的月饼切开,一边热情招呼有些羞涩的土耳其大学生免费品茶吃饼,一边给他们讲月饼为什么是圆的。一时间男生女生纷纷团聚过来,"吃饼识中国"水到渠成。人家把新月置于国旗上,我们将圆月吃进肚子里,土中两个崇敬月亮的民族,瞬间心心相印。

　　我的两把紫砂壶轮番上阵,实在应接不暇,幸好有 7 位中国留学生闻讯赶来帮忙,手忙脚乱的局面才得以缓解。当然他们不仅帮忙,也"帮吃",整个热茶与月饼交融的场面无比温馨。有个陕西籍的留学生吃得热泪盈眶,说自己已经两年没有见到月饼了。

郑启五在月饼品尝会上泡茶

　　在孔子学院第一学期的最后一课,我专门讲中国人喝茶的故事,至今记忆犹新。

　　在土耳其语中,"茶"是"cay",汉土两语发音相近,其中受中国因素影响显然。我恨不能第一课就把这个"茶"字教给我的土耳其学生们,早早摇响那远古丝绸之路上的驼铃。可我采用的《新实用汉语课本》却一点也不理解我的心情,第二课出现"我们都喝咖啡",没有茶的蛛丝马迹;第九课等来的是"我们喝红葡萄酒","茶"依旧没有泡入课文。我所钟情的"茶"仅仅是作为课文的"补充生字",轻描淡写,连同"可乐"呀,"雪碧"呀,"牛奶"呀,"啤酒"呀,一同姗姗来迟,勉强进入视野,且不纳入必须掌握的"生字行列",这真是太不公平了。

到了期末,我灵机一动,我的课堂我做主,毅然决定给这个"茶"字开一堂课,让它好好享受一下"超生字"的"最惠待遇"。我的最后一节课提前20分钟结束,然后宣布隆重举行"汉语学习班"胜利完成第一学期课程庆典。正当同学们面面相觑的时候,我变魔术似的从原本扎得严严实实的手袋里摸出了一套精巧的白瓷功夫茶茶具,全体男生女生顿时喜笑颜开。这套包在蓝色拉链小方包里的茶具是多年前参加"安溪茶文化高峰论坛"时,"魏荫名茶"茶老板魏月德先生的赠品,一直闲置未用,现在无疑到了冲锋陷阵的最佳时刻了。

紧接着我又从我神秘的"百宝包"里摸出了茶叶、茶滤、竹夹、竹勺、"热得快"等功夫茶的一系列用具,而原本屹立在讲台上不露声色一大瓶矿泉水这下也归顺了"茶阵"。把矿泉水倒入"热得快",把插头插入讲台上的插座,一切都如行云流水,三尺讲台顿成一方"茶桌子"。

就在全体同学心生渴望,行将对"中国茶"一品为快的当头,我却暂时放下了手中热气腾腾的茶具,重新抓起了粉笔,在黑板上写下了"草字头"加"人"加"木"的"茶"字部首分解。经这么一分解,一幅人与草木乃至与大自然和谐共生的画卷缓缓展开,让这些粗通汉字的土耳其学子在"茶"字的拆分和组合里领略汉字的趣味和神妙。不过"茶"字有从"荼"字变化而来一说,但对于这一说法我可是刻意回避了,因为此时此刻这样的说法纯属画蛇添足,把简单的事情复杂化了。

吊足了胃口,这才开始大张旗鼓地"白鹤沐浴,乌龙入宫",不失时机虚张声势地"关公巡城,韩信点兵",把闽南金黄透亮的铁观音茶汤,一一均匀地浇入娇小的白瓷瓯杯中,热气袅袅,幽香浮动。随着我的"Please,请喝茶"一声双语令下,同学们争先恐后伸出手来,于是我又趁机唠叨了关于中国的"礼让"和外国的"lady first"的异同……

"七泡有余香",我这第一学期的汉语课圆满结束了,但一盏闽南功夫茶的绵绵余香仍意犹未尽。

郑启五著《红月亮——一个孔子学院院长的汉教传奇》

附

录

哥哥郑启平的回忆

在我儿时的记忆中,父亲极少有时间陪我玩。他除了上课,就是开会、做报告,以及深入班级和宿舍了解学生动态;晚上,则是关在房内看书备课,或者写讲稿、写书,一直到深夜。当时,台湾军机空袭厦门时,父亲总是放下手中的笔,戴上"防空指挥部"的红袖章,拿着喇叭筒,吹着口哨,指挥全校师生秩序井然地从学校的各个角落,撤进南普陀后山的"十八洞"。每逢这样的紧急时刻,站在岩石边、大树下发出各种指令,做出各种"扶老携幼"指令的父亲,简直成了我心目中的大英雄。

早就听说当年的父亲是经济系的排球高手,可第一次看他参赛时我已经快7岁了。父亲是系队的主力二传。他发的球又高又飘,经常可以直接得分,令对手防不胜防。几十年过去了,父亲在丰庭球场上的精彩表演,至今我仍历历在目。

每逢过节就是我最开心的日子,因为不仅能和亲爱的父亲在一起,而且能品尝他亲手烹调出的美味。他最拿手的是麻婆豆腐和糖醋排骨,虽然不是十分正宗,每年也只能品尝一两次,但那种美味,至今同样令我念念不忘。

大年初一,父亲帮助年幼的我放上一长串鞭炮后,就带我挨家挨户拜年去了。拜年的对象,既有可尊可敬的师长,也有朝夕相处的同事,还有卧病在床的学生。每当这个时候,父亲总会为这些无法回家过年的学生,带上大把的糖果和大块的蒸熟的年糕。

　　大年初三晚上,是父亲难得的既不备课写稿,也不看书开会的轻松之夜。我们一家四口都会在小花园的石桌旁,围成一圈,一边品茶,一边听父亲吹洞箫。这古老的乐器虽不悦耳,却很深沉。父亲一辈子热爱吹箫,但吹的总是同一支曲子。虽然我也曾涉足音乐,对乐曲略知一二,但父亲常吹的是什么曲子,至今我仍十分茫然,或许是老家湘江边上打鱼人家的"催鱼曲"吧。每当吹箫的时候,父亲总是全神贯注,双脚打拍。

郑道传父子合影

　　1960年春,"戴帽"父亲在厦大农场的劳改进入第三年。坚忍的父亲,双目已近失明,但克服了常人难以想象的困难,不仅学会了挑粪、浇菜,甚至还能插秧和用双手摸索着除草。那时化肥极少,用的多是农家肥。每到施肥季节,父亲总和难友陈昭桐教授搭档,拉粪车。陈教授拉车头,父亲在后面推。每当下坡时,陈教授拉车拉得兴起,便会像真正的车把式一样,双脚离地,腾空跃起。父亲则紧跟车后,在陈教授的牵引下,练起了长跑。虽气味难闻,但他们精彩的车技常惹得路上的师生掩鼻观看,议论纷纷。

农场的成员,上自生产队长,下至普通农民,通过一段时间的接触,慢慢改变了对父亲的看法,也从直呼其名,转而称他"老郑"了。每年年底,仅有小学文化的生产队长似乎忘了父亲是接受劳改的"右派",给父亲写上了最好的评语。

有一天清晨,父亲到塘边取水浇菜,刚打满一桶水,发现桶中飘着一条彩色的"绳子",他随手捞起,想把它丢入塘边的草丛中,不料"绳子"却紧紧缠住父亲的右手臂。"蛇、蛇,五步蛇!"对面的生产队长见状,惊得连声高叫。父亲不知哪来的智慧和镇定,只见他轻轻弯下腰,把手臂放进塘中。说来奇怪,这条剧毒的五步蛇不但没有咬父亲,反而从他手臂上缓缓松开,慢慢游向水中。

自从弟弟出世后,母亲一直多病,常年低烧、头昏目眩,卧床不起。为了父亲,为了我们整个家庭,经常卧床不起的母亲这时站了起来。父亲喜欢吃蛋,每场批斗会前,母亲总要为父亲煮上两个平安蛋,并亲手为他剥开蛋壳。批斗结束后,当父亲拖着疲倦的躯体回到家中的时候,母亲总要为他煮上一碗热腾腾的白面条,再洒上几滴香喷喷的米酒。运动进入高潮时,批斗父亲的大会小会一场连一场,细心的母亲在批斗会的间隙,抽空观察了批斗会的三楼教室,回家后她特别提醒父亲:"批斗会的休息时间,让站立反省'罪行'的阳台,是无遮无挡的,你头脑一定要保持高度的清醒。"母亲发现我在旁边流露出惊讶的目光,连忙把我支出房间,单独和父亲谈了许久。在极左路线肆虐的年代里,每次父亲挨批回来,母亲都要和他谈许久。我虽然不知道他们密谈些什么,但知道他们的谈话无疑是推心置腹的、掏心掏肺的。

运动开始后,我和弟弟还小,虽然我们当时都不明白国家和小家到底发生了什么,但父亲肯定是大难临头了。我们总是很担忧父亲会突然间"没有了"。每天父亲外出的时候,我都会和弟弟拉着父亲的手大声说着"再见",我还会遵守母亲的叮咛加上一句:"我们都等待你平安归来。"而每当父亲回到家中,母亲忙着为他张罗面条的时候,我总会为父亲端来洗脚的热水,弟弟则亲热地依偎在父亲身后,用那双小手轻轻地为他捶背。

虽然,父亲在家门外受尽了侮辱,可一回到家中,总有无限的温暖。母亲和我们兄弟俩总和过去一样,像迎接外出做报告归来的父亲一样,等待着他,欢迎着他。也许就是母亲亲手煮熟剥壳的一个个鸡蛋、亲手烹调的一碗碗白面条、灯下一次又一次的长谈,也许就是我和弟弟一次又一次捶背的小手,温暖抚慰了父亲那颗绝望和破碎的心。父亲坚忍地活下来了,并在以后的抗争、期待和拼搏中,走出了属于自己的人生之路。

父亲"戴帽"送农场后,母亲虽然逃过了这一劫,却仍被以"劳动锻炼"为名,送往厦大养猪场喂猪。她成天泡在水塘中捞取永远捞不完的水浮莲,然后用板车将这些猪饲料拉往位于胡里山的养猪场。母亲本来体质就很弱,经过这样超体力的折腾,她的病历上又增加了水肿和气喘。可母亲不仅和父亲一样,咬着牙关,度过了那艰苦的日子,每天还要在繁重劳动的间隙,为父亲忙这忙那。她用一双巧手为父亲缝制了一个又一个厚实的肩垫,使父亲每天都能完成60担水的浇菜任务。夏天,为上班前的父亲准备了大碗的凉茶;雨天,又为浑身湿透的父亲熬上半锅热腾腾的姜汤。父亲本来最喜欢读书、看报,可短短几个月的运动,就夺去了他大部分的视力。当时,即使把报纸贴在眼前,他也只能勉强看清《厦门日报》的特大号报头。20世纪50年代,收音机管制特别严格,我便为父亲装配了一台矿石收音机,拉上天线后,居然能听到"厦门人民"和"福建前线"两个电台。父亲戴上耳机后,那高兴的模样我永远忘不了。

转眼进入三年困难时期。在那个年代,母亲精打细算,每天买一个鸡蛋,而这个宝贵的鸡蛋,母亲再三交代是留给父亲当营养品的。每天清晨,父亲总是把这唯一的鸡蛋又一分为四。母亲总是想方设法把她的那份又悄悄放进父亲的碗里。当时,布票十分紧张,每人每年仅有七市尺,只够买条裤子。每到星期天,母亲就翻出父亲的旧衣裤,大件改小件,长裤改短裤,忙得不亦乐乎。直到我初中毕业,我的衣裤大多是父亲的旧衣裤改制的,而弟弟再穿我穿过的。虽然不太合身,但那些经过母亲改制,还带着父亲体温的衣裤,穿在我们兄弟身上,则是世界上最温暖的!

父亲和母亲在农场和养猪场接受劳动改造虽然辛苦,但有时也能分到一些自己劳动的成果。记得20世纪60年代初的那两个春节,当父亲扛着队长给他的一个南瓜,外带十斤地瓜和两颗高丽菜回家的时候,左邻右舍看到这些当时市场上难得一见的鲜货,都露出了平时少有的羡慕眼光。那年除夕,母亲用从养猪场分的一斤肥肉,熬了半碗猪油,然后油炸了一盘父亲喜欢的地瓜片,加上猪油渣,就成了当时餐桌上最可口的佳肴。盼了一年的年夜饭进入了尾声,辛劳了又一年的父亲,取下他那支"陈年老箫",吹起那曲永不改调的"催鱼曲"。

在那些不堪回首的日子里,我们这个小家庭始终团结一心,荣辱与共。我们不仅把家建成父亲避风的港、温馨的窝、心目中的灯,而且在母亲的率领下,更把我们的家筑成毒针插不进、污水泼不入的铜墙铁壁。天塌下来,我们顶上去;地陷下去,我们填起来。1970年,在上山下乡的高潮中,我的未婚妻正式加入我的家庭。7年后这位内慧外秀的贤媳妇为我们家生下了一个胖娃娃,郑家第三代生力军诞生了。我们这个十分弱小的家庭,倔强抗争,虽然没能保住父亲的眼睛,却保住了他的生命。

1984 年,为纪念王亚南校长逝世 15 年,他的半身铜像在厦大落成。王校长那亲切的身影、和蔼的笑容和深邃的思想,仿佛又回到他熟悉的校园。揭幕仪式既庄严肃穆又简朴自然。王校长昔日的弟子和同事齐聚一堂,或高谈阔论,或默默哀思。

纪念大会结束后,我和弟弟搀扶着父亲,冒着绵绵细雨,来到这时已空无一人的王校长铜像前。我们一边和父亲讲解铜像的方位和外观,一边和父亲一道对着铜像恭敬地三鞠躬,此时的父亲已老泪纵横。父亲睁大了他那双什么也看不到的双眼,面对近在咫尺的王校长的铜像,此时,他有多少心里话要对王校长说啊。

父亲曾告诉我,"摘帽"后在厦大农场劳改的三年中,有天傍晚他收工挑着一担浇菜用的空水桶回家时,在南普陀寺前的放生池旁的小路上,遇上了正在散步的王校长。他们擦肩而过的时候,王校长轻轻说道:"多保重。"特殊岁月一句最简短的问候足以胜过平时的千言万语了。

1961 年,双目基本失明的父亲在"摘帽"后,终止了农场的三年劳改,回到了经济系。王亚南校长闻讯后,在征得父亲的同意后,立即安排蔡若虚老师为父亲的助手,共同教授"外国经济史"课程。在王校长和蔡老师的鼎力支持下,可敬的盲父亲终于重返讲台。"外国经济史"开得十分精彩,深受广大师生的好评。1962 年的一天中午,厦大有线广播电台播发了一条赞扬父亲教学效果的小文章。这是 1957 年后,父亲的名字第一次以正面形象在校园媒体中出现。直到很久以后,父亲才告诉我,那篇文章是得到王校长的同意后才得以播出的。

1969 年 11 月,王亚南校长忧郁成疾,病重去世。得此噩耗后的当晚,父亲关上房门,将头埋在棉被里放声痛哭。1986 年 10 月 24 日,父亲发表怀念王亚南的诗歌《亚南师,您永生在这里》:

日寇昔侵东南危,
披肝沥胆播真辉。
强敌逞强,迷途不迷,
马列指引,神州崔巍。
亚南师,您永生在这里。

鹭江碧流深且长,
南方之强美名扬。
深水情深,南强志强,
教书育人,治校有方。
亚南师,您永生在这里。

祸国殃民决策误,
一代忠良痛断肠。
误极思误,冤者明冤,
秋扫残叶,丹桂飘香。
亚南师,您永生在这里。

青山有幸埋忠骨,
紫铜无疵铸英容。
青山长青,紫铜恒紫,
弦歌不断,教泽长存。
亚南师,您永生在这里。

现在,王校长已辞世多年,父亲也随他而去。作为父亲的后人,经过半个世纪的耳闻目睹,半个世纪的人间沧桑,我们最有资格这样说:"王亚南校长是父亲永远的导师与恩师,而父亲则是王亚南最器重的学生和最得力的助手之一。如果冥冥中真有另一个世界,那么,当父亲向王校长报到的时候,他完全可以向他的导师与恩师汇报说:'王师,我在人间坚忍奋斗了83年,我已经尽力了。'"

在我与父亲共同生活的53年间,在我的心目中,父亲既是一位慈父,又是一位严师。我清晰地记得,父亲一生总共打过我三次,但每次都事出有因。

记得我上幼儿园大班那一年,恰逢父亲赴京开会。他知道我和邻居的男孩子们平日都喜欢玩"打仗"的游戏,但使用的"枪支"尽是些纸糊和木制的。于是,父亲在繁忙的会务间隙,特意抽空到东单商场为我买了一挺从苏联进口的玩具手提机枪。这挺以电池为动力,既能咯咯作响,又能从枪筒里冒出火花的玩具枪,白天成了我在房前屋后的"战斗"中横扫千军的利器,晚上则成了与我共枕而眠的伙伴。

有一天晚上,当我像往常一样,打完"仗",拿着玩具枪回到家中的时候,看见那位常到家中找父亲谈思想的Y伯伯又来了,于是我乘着玩兴未消,端着玩具枪对着他的脑袋连续扣动扳机。咯咯的扫射声,加上从枪筒里冒出的火花,显得格外刺耳。父亲见状从沙发上跳起来,冲到我身旁,一把夺过我的玩具枪,一边喝道:"启平,你怎么能把枪口对准党的领导同志?"语调是那样愤怒,又是那样虔诚。"他像电影中的坏人!"我还想极力分辩。父亲用力地把我那挺心爱的玩具枪狠狠砸向地面,并顺手给了我屁股两巴掌。父亲难道不知道童言无忌吗?可他即便对领导是如此敬畏,也没有使他在运动的恶浪里得以幸免。

1957年,我刚升入小学一年级。一天下午放学后,我又来到南普陀寺前那个捏面人的小摊前，聚精会神地看老板耍弄各种手艺。老板在完成"孙悟空""七仙女"等各种造型仍无人问津后，终于推出了使围观的小学生垂涎的"拳头产品"——香甜乌龟。经不住诱惑，我掏出了口袋中仅有的一角钱，那是父亲给我的理发钱。和周围其他许多小同学一样，我买下了一个鸡蛋大小，外壳是面粉内包花生糖馅的香甜乌龟。当我正要把它塞进口中的时候，一只大手从身后猛地抓住了我的衣领，从天而降的父亲突然出现在我的身旁。他一把夺下我手中的乌龟，一边斥责老板："你怎么可以把这种带有染色剂和灰尘的脏东西卖给小孩？"一边把乌龟抛进旁边的放生池。然后，父亲把我连拖带拽地弄到附近的一棵大木棉树背后，狠狠地给了我屁股一巴掌。从此，我整个小学阶段再没有买过任何小摊贩叫卖的熟食，而且这个习惯一直延续至今。

1965年夏，我从厦门双十中学初中毕业，中考我落榜了。一天下午，我和几个球友到校工会俱乐部打乒乓球，回家后看见父亲手里拿着一个信封一言不发。"你到哪里去了呢？"沉默了好长时间，父亲才明知故问，声音却有些颤抖。"我打乒乓球去了。""还打！还打！……"父亲一把夺过我的球拍，然后以拍代掌，狠狠地扇在我的左脸颊上。这是父亲一辈子唯一一次对我"动真格"了。当时我只有16岁，但我深知，我中考的落榜，无疑给周身都是政治伤口的父亲又撒上了一把盐。我连高中都进不了，还谈什么上大学呢？伤心至极的父亲老泪纵横。可是父亲很快就清醒过来，他慢慢走到我的身旁，掏出手帕擦去我脸上的泪水，然后轻轻抚摸着我脸颊上刚被扇肿的伤痕说："阿平，都是我害了你……"

早在三个月前的一天中午，双十中学教学楼工地的几个泥水工占用了学校里唯一一张乒乓球桌，坐在球桌上大嚼大吐。作为校乒乓球队主力队员的我，在劝说泥水工另移他处时与他们发生了争执。这本是小事一桩，但不知出于什么原因，对我早就深怀敌意的校某主任突然将此事无限上纲上线,说我"辱骂工人阶级"。这样,这件事就变成了严重的政治事件。学校勒令我停课两周,并发动全校师生贴了2000多张大字报声讨我的"罪行"。后来我才知道,以我的中考成绩,考进双十中学高中部是绰绰有余的。是这个主任借中考机会,将包括我在内的50多位有"家庭问题"的学生活生生地轰出了学校大门。我紧紧握住父亲的手:"父亲,我一定不会辜负您的期望,总有一天……"

两周后,我被一所名为半工半读、实为培养泥水工的技工学校录取了。报到那天,我像父亲当年从衡阳到长汀报到时一样,也是挑着一箱书和一包行李前往。一年后,"文革"爆发。此后的12年中,我分别当过泥水工、板车工、知青、铁匠等,厦门的大街小巷、闽东闽西的深山密林,以及厦门杏林湾畔的化工修配厂,到处都留下了我的足迹。不管环境多么艰苦,处境多么险恶,书本永远是我忠实的伙伴,而上大学则是我梦中永恒的旋律。

这一天,终于来临了。1977年12月,高考恢复,仅读过一年初中的弟弟率先破门而入,考取了厦大外文系。次年7月,我以30岁的高龄,抱着刚满周岁的孩子,前往高招办办理了高考手续。3个月后,我收到了集美师专中文系的录取通知书,挤上了通往大学校园的最后一班车。

报到的前夜,我与父亲在灯下谈了很久。那天晚上,父亲第一次违反了母亲的"禁酒令",一口气连干了三杯"蜜沉沉"。他满脸通红,神采焕发,脸上也绽出了少有的微笑。趁着酒兴,他连连拍着我的肩膀,竟说不出一句话来。

1974年的中秋之夜,花了八角钱品完了当时厦门全市统配的四个品种的月饼后,我和弟弟照例搀扶着父亲外出散步。沿着破损的柏油路,向着空荡荡的建南大会堂方向慢步走去。"父亲,中秋之夜,您最想说的是什么?"左边的弟弟轻声问。"你们三个都从农村平安回来,而且都有了自己的工作。"月光下的父亲脸上的皱纹渐渐地舒展开来。"中秋之夜,您最想做的又是什么?"右边的我也开口。"就像现在一样,有两个儿子陪着我散步。"父亲的脸上绽出了笑容。

在以后的几次散步中,他背诵着英国诗人雪莱的名句:"冬天来了,春天还会远吗?"我感到了早年他那颗诗人的心还在隐隐地跳动。

1979年10月的一天,厦大建南大会堂的千人大会上,校党委书记曾鸣代表校党委庄严宣布,给包括父亲在内的数百名师生改正、平反。改正的文件同时送到了我和弟弟就读的校系。那年父亲已满60岁。父亲是兴奋的,又是冷静的。当时他昼思夜想的是如何早日恢复工作,重返讲坛,走出自己人生旅途的第二个春天。可父亲恢复工作的第一步,就遭到了严重的挫折。出于众所周知的原因,父亲20多年前曾为之呕心沥血的经济系,以各种理由,谢绝了父亲"归队"的请求。

1985 年全家福

但时代不同,大环境不同了,此处不留人,自有留人处。父亲对此似乎早有所料,因此并没有沮丧、灰心。经学校统筹安排,父亲到了哲学系。

一周后,在哲学系教工大会上,哲学系主任邹永贤教授满怀激情地向全系教师介绍即将重新走上教学岗位的父亲,用了父亲期待了多少年的称呼——同志。"今天,我给大家介绍一位新同志,他就是我校著名的'出土文物'——郑道传同志。"21 年以来,第一次有人为他鼓起了热烈的掌声。

父亲重返讲坛后,他最满意的学生是他 1980 年首招的研究生张晓金。江西籍的张晓金是"老三届"中品学兼优的奇才。他以"老三届"的学历直接报考研究生,考试成绩名列江西第一,但因有人写匿名信诬告,致使录取之事一波三折。入学厦大后,他选择了我父亲作为导师。张晓金就学期间,不仅刻苦好学,成绩优异,而且十分尊敬和关心父亲,如影随形。他还多次陪同父亲外出开会、讲学,全程照料父亲的住行,使父亲每次都能圆满完成出行任务。父亲的第五部专著《〈资本论〉方法论研究》就是和张晓金合作共同完成的。张晓金学成毕业留校后,进步极大,著作颇丰,很快就成了哲学系的骨干教师和教授,现已退休。

从 1980 年到 1990 年,父亲在哲学系一直工作了 10 年。10年中,他的工作有人支持,有人关照。逢年过节,哲学系党总支书记和系主任、工会主席必登门拜访,头疼脑热时也常有人专程慰问。直到父亲退休后,哲学系各级领导对父亲的关照仍一如既往。父亲每次填写各种表格时,从一般的干部履历表到国务院印制的"享受特殊津贴专家表",常由我代笔。每次他总要再三交代:"工作单位那栏,一定要填上'哲学系'。"父亲人生中的最后 23 年,与哲学系结下了不解之缘。他在哲学系真正感觉到做人的尊严和奋斗的价值,真正感觉到领导的关怀和同事的情谊。

1990 年全家福

1998 年 4 月 15 日,厦大哲学系离退休党支部讨论了父亲的入党申请,介绍人邹永贤和白锡仁代读了卧病在床的父亲的入党申请书和个人简历,与会的 30 多位老党员一致庄严地举起了他们的右手。

1998 年 10 月,在厦大党委及上级党委的悉心关怀下,父亲长达半个世纪的入党问题最终得到了圆满解决。父亲终于在生命的最后 5 年,实现了自己追求了半个世纪的崇高理想,成了一名光荣的共产党员。

1998 年 10 月的一个下午,阳光明媚,在厦大医院住院部二楼的干部病房,我接听了哲学系离退休党支部书记打来的父亲期盼了一辈子的最重要的电话:"请转告郑道传同志,今天下午召开的党支部审查新党员会议上,全体与会党员一致同意了郑道传同志的入党申请⋯⋯"我紧贴父亲的左耳,将支部书记的通知用缓慢的语速连讲了四遍,中风的父亲终于听懂了,大滴的泪珠断续地从早已无法视物的眼眶流出。

经过医生两周的精心治疗,父亲又能在亲人们的搀扶下在医院的庭院中散步了。当我这个当时已经入党12年的党员,搀扶着年近八旬、党龄只有两周的老父亲,在医院鲜花似锦的庭院漫步时,父亲见到身旁几个正在朗读的小学生,突然停下脚步,吃力地用右手指着小学生的方向,嘴唇还不断翕动着。知父莫如子,我明白父亲的潜台词是:"我也要像小朋友一样读文件,过组织生活。"我在激动之余,立刻拨通了住院部的电话,父亲苍白的脸颊上顿时露出了久违的笑意。

2001年4月28日,在市劳模座谈会上,市总工会主席黄笑影同志代读了由父亲口授、弟弟代笔的题为《鹭岛明天更美好》的书面发言,全文情真意切,感人肺腑。第二天该文在《厦门日报》第一版上全文发表,这是父亲公开发表的最后一篇文章。

在医护人员的全力救治和家人的鼎力呵护下,自1998年中风后,父亲的生命又延续了四年。

2002年4月中旬,父亲的病情开始恶化。他多次交代我们兄弟,他不信神不信鬼,只信奉马列主义,身后事越简单越好,不要给组织增添任何麻烦,不要浪费同事和朋友们宝贵的时间。由于中风,他一直为自己给老干处和哲学系增添的麻烦感到不安,感到过意不去。

2002年4月27日凌晨,父亲在弟弟的怀中永远地离开了我们。26日弥留之际,他断断续续的嗫嚅里有几个清晰可辨的关键词:湖南、"右派"、民盟、《资本论》,以及两个孙子的名字。

没有一个花圈,没有半句悼词,父亲走得潇洒,走得坦荡。蓝天白云,我真的为父亲如此通透的灵魂感到骄傲!

父亲去世了。为父亲整理遗物时,透过那一台台录音机、一个个录音带、一张张特制的稿纸,透过他生前不知翻过多少遍的《资本论》和黑格尔著作,父亲的身影一直在我脑海中浮现。父亲是一个平凡的人,他热爱生活,乐业敬业,尊妻爱子,生活俭朴,一生铭记"认认真真教书,老老实实做人"的格言,严于责己,宽以待人,克服了种种难以想象的困难,走完了他的人生之旅。父亲又是一位伟大的人,他向往真理,追求光明,为实现自己的人生价值,以无比坚忍的性格,忍辱负重,卧薪尝胆。他以"我以我血荐轩辕"的气概,拼搏奋斗了半个多世纪,是一位彻底的唯物主义者。从这个意义上讲,父亲又不愧为我国老一辈知识分子中的典范。

接下来,谈谈父亲去世后我个人的一些经历吧。

如果说,我这一辈子取得了一些小小成绩的话,那么这要完全归功于父母对我的言传身教,尤其是我经历了与父亲类似的失明,更深切体会了父亲的困境,同时也更能体会父亲在失明的黑暗中集聚的巨大能量。

38岁那年,在厦门一中党组织的悉心培养和教导下,我光荣地加入了中国共产党。我当时担任厦门一中语文教研组副组长,且刚获首届"省优秀青年教师"的殊荣。同时作为省作家协会会员,我也常有小说和散文见诸报刊。正当我的教学工作和文学创作处于黄金时期时,厄运突然降临。当年我从插队的闽西山区返回厦门后,曾在杏林湾畔的一家省属工厂当了7年冷作工,由于当时工厂的防护措施极差,因此工作中我的双眼角膜常被强烈的电弧光烧伤,长年红肿流泪。加之当了教师后又用眼过度,终于有一天,我在给高三同学上课时,暗藏已久的眼疾突然暴发,我连黑板擦也摸不着了。我知道,我即将和父亲一样,陷入濒临失明的深渊。

在10多年等待角膜移植的漫漫长夜中,在厦门一中党总支及广大师生的亲切关怀和深切理解下,我从高三语文教学的第一线转移至校电教室任保管员。眼前一片昏暗的人,摸索着工作自然十分艰难。我也不知摔了多少次跤,碰了多少次壁,虽然经常鼻青脸肿,但每次我都以父亲为榜样,重新站起来。我不仅用双手和大脑很快地熟悉了保管员的各项工作,而且在妻儿和同事们的全力帮助下,我学着用口述和摸索着用特大号炭笔写大字等方式,完成了数百篇有关厦门一中题材的电视新闻稿和多部校史电视专题片解说词,以及10多万字的厦门一中优秀教师报告文学系列的写作任务。

2000年,当我的视力连几米外是一幢两层楼的房子,还是缓慢移动的公共汽车都无法分辨的时候,我知道,刚满50岁的我,已经完全丧失了工作能力。我只能含泪办理了病退手续,离开了朝夕相处20年的厦门一中。

在黑暗中,我每天清晨都要打开窗户,用那看不见东西的双眼,望向太阳升起的方向。我坚信,命运不会永远对我那样不公,总有一天,明媚的阳光一定会冲破层层阴霾,继续照亮我前进的人生道路。

2005年6月29日上午11时,是我一生中最难忘的时刻。我的角膜移植主刀医生刘昭升轻轻地揭开了覆盖在我眼上的纱布。昨天晚上,这位年仅35岁的眼科新秀,仅用了55分钟,娴熟地为我完成了一台高难度的角膜移植手术。随着他那双神奇的手匀速地"运动",覆盖在我眼睛上的纱布完全揭开了。我眨了眨紧闭了一晚的双眼,瞬间,期盼已久的奇迹出现了:久违了16年的光明,重现在我的眼前。

经过一年多的抗排斥治疗,我的角膜移植效果得到了巩固。因工作需要,我怀着极大的热情,适时响应了学校党组织的召唤,参与了校关工委的工作。

厦门一中的校门又一次向我敞开了。我知道,今天,在各方面情况日新月异的厦门,要像当年一样卓有成效地工作,除了必须迅速熟悉当代青少年思想工作的特点,并恢复30年前老教师们言传身教的基本功外,还要尽快掌握电脑的各项基本技能。

对于做过角膜移植手术的人,学习使用电脑,是有很大困难的。在家人和博友们的指导下,我坚持每天两次,每次半小时,在特制的 22 寸液晶屏前，像小学生一样，一步一个"手印"地学习上网和打字。为尽快恢复自己的写作能力，我以"姜子牙垂钓"的网名，在厦门网海峡博客开博。很快，我的《重挥球拍迎奥运》等 10 余篇博文在厦门网获奖。我还积极服从组织决定，克服各种困难，前往厦门一中在灌口的集美分校支教一年。这一切都为我日后的工作奠定了良好的基础。

从 2007 年开始，每年暑期初高中新生入学训练时，我都会应邀给同学们讲厦门一中光荣的校史，勉励同学们更加刻苦地学习，并和他们一道高唱《共青团员之歌》等革命歌曲。2008 年以来，我每年定期回校，参与指导学生参加教育部关工委举办的"全国青少年主题教育"读书征文活动。2009 年 5 月，我任厦门市教育系统关工委讲师团副团长。同年 9 月，我被中共厦门市委教育工委授予"厦门市教育系统关心下一代工作先进个人"的光荣称号。2011 年 5 月，我参与编辑"教育部关工委全国青少年主题教育活动全国中小学生征文"厦门地区 2002—2010 年获奖作品选中学卷和小学卷。

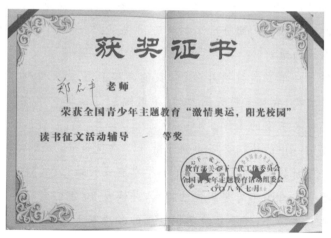

2008 年郑启平获读书征文活动辅导一等奖的证书

近几年来,我也身体力行,在有关部门的邀请下,多次到实验小学、大同小学、厦门五缘实验学校及区教育局,与师生们共同探讨"新时代好少年·红心向党"主题教育征文活动的真谛。我还多次应校团委会的邀请,给厦门一中青年党校上党课,重温习近平总书记在全国教育大会上发表的"坚持中国特色社会主义教育发展道路""培养德智体美劳全面发展的社会主义建设者和接班人"等一系列重要讲话。

郑启平参与"新时代好少年·红心向党"主题教育征文活动

我在厦门一中工作的每一天,都充满着拼搏精神,每天也都是一个崭新的起点。能在前辈们辛勤开拓的这片乐土上耕耘,是人生最大的幸事,我多么祈望能永远在这所百年名校中,沐浴着青春热情与憧憬。

学生张晓金的回忆

　　2002 年 4 月 27 日清晨,我和太太赶到厦大医院与我的导师郑道传先生告别。几个小时之前,83 岁高龄的先生辞世了。记得是几个月前,我去看一直受中风困扰的他,当我抚摸他的手时,他眼中的泪水不停地往下流。一个失明几十年的老人,再加上失语,可心里却什么都明白,这是怎样一种煎熬啊。我告诉他:"您不要急,我能懂您的心思。"如今望着先生平静的面容,我们心里默默祷告,先生此去天堂一路走好。

　　我与郑先生结师生缘是在 1982 年春天,我刚来厦大的时候。我本来考的是自然辩证法专业,却因为"改审失误"(《中国青年报》用语)延迟一年半入学并转到哲学系。头一件大事就是选择导师。那一届 7 个学生,其中有一人要分给郑先生带。分管研究生的系领导赵民老师对我们说:"王亚南有两个'高足':一位已经移居香港,另外一位就是郑先生。由于长期受迫害,他的眼睛坏了,视力很差。"虽然赵老师与我们是初次见面,但他属于那种一见面就让我信任的类型。他的描述虽然简单,但把郑先生最重要的特点点明了:德才兼备,经历坎坷,身有残疾。

　　我和其他几个同学为此专门上门去拜访郑先生。在短暂的接触中,他给我留下的印象是:慈祥、乐观、直率,记忆力很好,对《资本论》很熟悉,是学者型而不是官僚型的教授。回来后有人议论说:"他眼睛失明几十年,脱离学术太久怕难以接受新东西。"还有人考虑了其他问题,最重要的是有关个人今后发展的一些实际问题。我所犹豫的,则主要是想继续我所喜欢的自然辩证法研究。赵民老师开导我说:"于光远既是《资本论》的专家又是自然辩证法的专家,这说明两者不矛盾。"于是我同意了。之后,我单独去见了一次郑先生,他谈到他的坎坷经历。我也告诉他,我历经磨难,考研究生也被人诬告,后向上告状才被补充录取。他后来和别人开玩笑说:"我招了一个研究生,也是七灾八难,与我同病相怜。"

我读的专业是马克思主义哲学,研究方向是《资本论》方法研究。自然,《资本论》是必修课。郑先生亲自给我讲了《资本论》的概要,还给我讲了他所接触和了解的《资本论》译者郭大力和王亚南的情况。考虑到《资本论》的基础性和重要性,他又安排我去听经济学院《资本论》的课。当时教育部在厦大办了全国高校教师《资本论》进修班。我用三个学期听完这个班的全部课程,把《资本论》三卷过了一遍。我听课后再将这个班所讲授的内容不断地告诉他并向他请教。这一年半,先生在与我的讨论中几乎温习了一遍《资本论》。

郑先生告诉我,要研究《资本论》的方法,必须深入了解黑格尔的辩证法。他几乎一字不漏地引用列宁的话:"不钻研和不理解黑格尔的全部逻辑学,就不能完全理解马克思的《资本论》","因此,半个世纪以来,没有一个马克思主义者是理解马克思的"。郑先生不仅要求我通读黑格尔的《小逻辑》,而且经常让我给他讲黑格尔逻辑学的内容。当时出的黑格尔专家写的几本书,他也让我挑部分念给他听。此外,那几年我们系里从外面请来的黑格尔专家讲课,本来对象是本科生,但他每次总是让人扶着去听课,一丝不苟,以致赵民老师感叹地说:"在所有的听课人当中,郑先生是最认真最让人感动的。"讲课的专家也每每被感动。郑先生自己则笑着说"我要补黑格尔的课",我是在"脱毛"(恩格斯语)。先生能够记得不少黑格尔的原话。他在讲课、会议发言中常常恰到好处地引用黑格尔的哲理名言,每每使听者佩服不已。

早在研究生一年级时,郑先生就开始指导我做研究。他虽然眼睛不好,却能准确地抓住学术热点和前沿。他告诉我,苏联的学者对马克思著作特别是《资本论》中的系统思想有研究。这既是学术上的前沿,也与我对科技哲学的爱好吻合。我按先生的指教,将当时主要文献通读一遍,并且把主要信息反馈给先生。又按照先生的嘱咐,翻译了当时日本学者的若干著述,与日本的《资本论》专家通信,并经常把信息反馈给郑先生。

郑先生眼睛不好,但是耳力和记忆力却超过旁人。以耳闻补目睹,是先生的特点。他每天听广播,把重要信息都记下来。有天他告诉我,从中央人民广播电台听到我写的一封信。当时中央人民广播电台正播放自然辩证法系列讲座,我写信纠正其中一个自然科学方面的错误。使我意外的是,仅仅听过一遍广播,先生不仅能讲出我的信的内容,连细节都没错过。我惊讶于一个失明老人的记忆力能如此之好。

郑先生对学生既有高要求,同时也很尊重学生自己的思考。我写论文前,先生要求我查阅和通读国内找得到的几乎所有文献,尽可能地查找日本和苏联的文献。为了能够让我到东北和北京等地查找文献和寻求名家指导,他不顾盲人的困难,去找当时有关校领导要求批给我差旅费。我的毕业论文,从选题到研究和写作,郑先生都很尊重我的想法。我每写好一章后,就把全部内容录制成录音带。先生把每盒录音带听了一遍又一遍,有的几乎都能背下来。他在认真地听完论文初稿又仔细思考后,才提出修改的意见与我商量。有时,他也会用铅笔写下修改的意见。他先将16开的白纸对折若干次然后展开,用左手指摸着纸的折痕,右手执铅笔抵着左手,这样就能沿着纸的折痕写下基本平整清晰的字来。当我读着一个失明的老人这样艰难地写下的认真的意见,不能不为他的精神所感动。

郑先生特别强调要运用马克思《资本论》的方法来解决当前的现实问题。出于种种复杂的历史原因,我国从事马克思主义哲学工作的许多人都没有真正读过《资本论》。而马克思虽然曾经有过撰写唯物辩证法著作的想法,终因忙于《资本论》的写作而未能将之付诸实现。郑先生多次对我谈到列宁的重要观点:"虽说马克思没有遗留下'逻辑',但他遗留下《资本论》的逻辑,应当充分地利用这种逻辑来解决这一问题。"他认为,《资本论》是马克思最主要的哲学著作,如果不读《资本论》,就不可能搞好搞懂马克思主义哲学。他鼓励我从《资本论》出发去认真研究马克思的哲学,在马克思主义哲学的研究中做一些正本清源的工作。同时,从上述列宁的指示出发,他也很强调要运用《资本论》的辩证法来研究当代中国改革开放中的问题。他对我说,要搞社会主义的《资本论》,要搞改革开放的逻辑。我记得他常说的一句话就是"要搞活的辩证法"。我毕业之后的十几年,一直按照先生的教诲在做。除了出版马克思主义哲学的理论著作之外,还写作了多部运用《资本论》辩证法来研究当代中国改革开放的著作。当我遇到困难或者遭到个别人非议的时候,郑先生总是鼓励我:"搞活的辩证法是马克思主义的传统,沿着《资本论》辩证法的路走没有错,眼光要放长远一点。"这是先生对我在学术方向上非常宝贵的指导和鼓励。

1985年冬天,全国《资本论》学术讨论会在河南省郑州市召开,郑先生很想去。由于眼睛失明,他已经多年没有外出过,这是一件很困难的事情。毫无疑问,必须有人陪同照顾,他才能赴会。我那时一个人带着孩子住在集体宿舍,他去做另一个也要外出开会的研究生的工作,让那位同学放弃机会留在厦大帮我照顾几天孩子,我就扶着先生上路了。按当时文件的规定,郑先生坐软卧,而我只能坐硬座。白天我可以在软卧车厢照顾他,晚上只好将先生交给车厢的乘务员。为了避免座位被别人"永久占领",即使白天我也要不断地回到硬座车厢。到了开会的旅店,先生可以住3人一间的,而我只能住6人间。这样,照顾起来总是不方便。先生行动须由人搀扶，但他为了减少我的不便，总是尽可能地自力更生。有时我还没有赶到他的客房，他就被同屋的教授搀扶着去了会场。先生很珍惜这次机会，在小组会和大会上都积极发言，受到普遍的好评，他的发言也每每登上会议的简报。

会后，中国人民解放军南京政治学院请先生去讲课，而我却很想借机会去旅游一两天，但如何放心让一个失明的老人单独去南京呢？郑先生知道我的想法后说："你放心去吧。"他笑笑说："你可以把我'托运'到南京去。"我一买到车票就给南京拍去电报，告诉他们郑先生坐的车次、车厢，请他们派人直接到车厢来接。那天深夜，在郑州的刺骨寒风中，我把郑先生送到软卧车厢安顿好，找到车厢乘务员，告诉她这是一位失明的教授，请多加关照。我在西安旅游两天后赶到南京时，郑先生已经讲课完毕。那天，在部队首长的宴会上，他笑着说："我这次被'托运'很成功，很安全。"南京政治学院的滕部长说："郑先生课讲得很好，大家都很佩服，很受教育。"著名哲学家萧焜焘教授也对郑先生的讲课大为夸赞。

郑先生不仅在学术方面关心我，而且关心我的生活。1984年冬天，我因急性阑尾炎开刀，郑先生在夫人的搀扶下到医院来探望我。我毕业留校后，郑先生不断奔走，找小学的校领导，解决我儿子在没有厦门户口时的读书问题；又多方奔走，找有关领导，希望解决我们夫妻分居问题。在我看来，好的研究生导师有三类：一是重视学生学术方面的培养；二是进一步关心学生的人品；三是在生活上嘘寒问暖。郑先生三者兼备，是难得的好导师。连我的一些研究生同学们也感觉到，郑先生不仅是导师，也是父亲和朋友。

关于郑先生，我也听到过一些闲言碎语。我所尊敬和信任的前辈中，也有一些人说他在"文革"初期的某些表现不好，还特别提到郑先生"揭发"过王亚南。我有一次曾尝试着从郑先生自己的嘴里了解些真相和他的想法，先生只是望着我，一句话不说，一脸冤屈。不久,郑先生口述,让我记录了他在新中国成立前通过民盟和其他特殊渠道营救王亚南的往事,准备寄给民盟的刊物发表。我想,这也是他对我的一种回答吧。先生去世后,我有一次偶然看到王亚南的女儿出版的回忆她父亲的书中有这样的句子:"1949 年初,正当特务准备对王亚南下手前夕,地下党及时通知了他,并通过地下民盟陈道传等同志的帮助,让他以去湖南大学讲学的名义,秘密地转移到了香港。"(蒋夷牧、王岱平:《生命的辙印》,海峡文艺出版社 1986 年版,第 104 页)我猜测这里的"陈道传"应是"郑道传"之误。由于王亚南先生有湖北口音,他说的"郑"是很容易被听成"陈"的。这个说法与我所听的先生口述的历史完全符合。王亚南先生和他女儿谈这件事情,可见王亚南心里也一直记着郑先生做的这件好事。可惜,王亚南父女和郑先生都已经升天,我无法去证实它了。

至少,我从自己的接触中感到,郑先生对王亚南是抱着恩师的感情,这种感情深而且真。退一步说,即使有些人指责的事情并非全无来由,但当时的情况那么复杂,如今的人们哪里能够了解到当事人的心绪。

2004 年冬天,著名经济学家、日本京都大学大西广教授来信,问我是不是胡培兆教授的研究生。我告诉他,我虽然对胡老师也执弟子礼,但我的研究生导师则是郑道传,并且给他简单介绍了郑道传先生的情况。2005 年春天,我受邀去京都大学做一个关于王亚南的大会演讲。会上,我注意到大西广教授的演讲,在谈到中国马克思主义经济学家的谱系时,把郑道传列入王亚南的弟子中,把我列入郑道传的弟子中。我当然是完全没有资格列入任何经济学家谱系的,但我突然感到郑先生在天上一定会为此高兴的。我把最早出版的几部著作送给先生时,他都特别高兴。后来我出版《对外开放与社会转型》一书时,尽管先生已经中风并且不能说话,我还是告诉了他这件事。

学生崔之一的回忆

一

那是 1955 年 9 月初,我们——厦大经济系政治经济学专业的 38 名新生,怀着喜悦的心情,从华东各省走到一起来了,开始了大学生的生活。由于我们的同学,有的是调干生,有的来自部队,有的是高中应届毕业生,大家的生活经历、生活习惯、语言都有不同,因此,相互了解、相互帮助、相互协调的进程慢,互相还不太融洽。

就在这种情况下,在一个星期一的下午,我们正在开班会,相互谈心,介绍自己。会议进行到一半,从门外走进两位老师,一位是我们的班主任陈琛老师,另一位我们还未见过面,但他们都笑容满面地向我们问好:"大家好!"我们回答:"老师好!"接着陈琛老师向我们介绍:"这位是郑道传老师,是我们经济系的副主任,你们班的专业课——政治经济学就由郑老师夹教。郑老师学识渊博,课讲得好,以后你们要好好地向他学习。"

郑老师接着和我们聊了起来,问我们是什么地方的人,来厦门生活习惯不习惯,对厦大的印象怎样,想不想家。问到想不想家时,大家几乎众口一词:"想家!"郑老师一听就笑了起来,用湖南乡音说道:"想家是自然的,人之常情,是可以理解的。我当年离家时也是想家的,可是后来,在新的环境中学习和工作,渐渐也就不太想家了。"他接着说:"不知大家有没有看过苏联的小说《海鸥》? 小说女主人公卡佳从莫斯科到了远东,也是十分想念故乡莫斯科的,团委书记对卡佳及青年团员们说了一段话,我介绍给大家。他说:我们为了开发西伯利亚走到一起来了,组成了新的集体,在一个新集体有许多新同志、新朋友,和新的人在一起就会产生新的感情。这句话是很对的,同学们从华东各地来到厦大经济系,大家友好相处,互相帮助,互相爱护,是会产生新的感情的。"

我们听了后连连点头称是,并且爆发出热烈的掌声。郑老师就是这样给我们留下了第一印象。至今虽然几十年过去了,回忆起来,这一场景犹如发生在昨天一样,令人激动,令人温暖。

二

郑老师对教学是极端负责任的,对同学们的专业学习也是关心备至。他教授的主课程政治经济学,所使用的课本是苏联《政治经济学教科书(第三版)》。在教学中,他能深入浅出地阐明马克思主义基本经济学理论,又紧密联系苏联和中国实际。为了提高同学们的学习质量,他还规定,每星期三晚上他下班辅导,每个同学都必须问问题。从此,每星期三晚上他早早来到,其实这时郑老师眼睛已经不太好了,每次都带一支手电筒来。他在楼道公共活动的地方坐下来,耐心辅导我们,往往辅导到晚上10点以后。

在辅导时,他为了发挥同学们的学习主动性,对疑难问题不急于马上回答,而是先要我们对这个问题做出回答。他认真地听,然后指出我们回答中的不足之处和漏洞,这就使我们对这个原理或问题"豁然开朗",受益匪浅。这也是我们班同学政治理论基础比较扎实的重要原因。我们班同学毕业以后,不少人当上了高校政治经济学教师,理论功底好,讲课深受同学欢迎,这与郑老师的悉心栽培是有直接关系的。

三

郑老师对马克思主义政治经济学、理论经济学无比热爱,终身都在孜孜追求、刻苦钻研,从不懈怠。

1981 年,厦大李绪蔼、胡培兆、周元良和我等四个教师去江苏无锡参加"全国第一次《资本论》学术讨论会暨中国《资本论》研究会成立大会",会期 6 天。开会后返校,郑老师获知这一消息后,一直约我交谈,并向我要大会资料及"简报"供阅读。在交谈中,他详尽地询问了大会的盛况,谁出席了并做了怎样的发言,大会中心议题、难点、焦点是什么,等等。我向他一一做了介绍,他听了十分兴奋,并不时提出问题。

我带回的资料和简报,他细心阅读。不! 不是阅读,而是听读,因为此时郑老师已双目失明了,他自身是无法阅读了。这里所说的"阅读",都是师母陈兆璋教授一字一句读给他听的啊! 这种终身献身马克思主义经济学研究,锲而不舍,不因身体残疾而中断的精神永远值得我们后辈学习。

这种顽强拼搏的精神是崇高的,是一种境界的升华。这就是马克思在《资本论》法文版序言中写到的境界:"在科学上没有平坦的大道,只有不畏劳苦沿着陡峭的路攀登的人,才有希望达到光辉的顶点。"郑道传老师的一生正是体现了这一精神。

同事邹永贤的回忆

郑道传同志到哲学系当教授时,我是哲学系主任。我也是郑道传同志的入党介绍人之一。

郑道传同志原是我校经济系的老师,长期教政治经济学,对《资本论》有研究。当时哲学系正值初办,需要有人讲《资本论》的辩证法。正是由于现实的需要和我对郑道传同志的了解,我接受了郑道传同志到哲学系工作的要求。郑道传同志当时已是哲学系中年龄最大的教授,但他一直以哲学学科中的"小学生"自居。当时哲学系请了许多国内知名的学者来系讲学,例如著名的研究康德和黑格尔的专家杨一之、研究黑格尔的专家姜丕之都曾到哲学系讲学了几个月。对这两位专家的讲学,郑道传同志是每讲必听。他当时目力已很坏了,不能记笔记,但他听得很认真,课后发问和专题请教两位专家最多,给这两位专家留下很深刻的印象。事后杨一之教授曾一再向我谈起他,很钦佩郑道传同志老年好学的精神。

郑道传同志在失了目力的情况下,不仅仍然关心增进自己的书本知识,也没有忘记作为一名经济学者、哲学教授,应当时刻关心国家大事和时代前进的步伐,以及在建设社会主义市场经济的过程中,学术界提出的新论点。有一次他曾经特地打电话给我,说关于"资本市场"这一概念,他在听中央电台的广播时,注意到了该电台已公开使用了这一概念,打破了过去在社会主义条件下只使用"资金",不使用"资本",更没有所谓"资本市场"的框框。他说也想在这方面写点东西,谈谈自己的看法。我听了很高兴,为他的创新勇气而感动。

我们这一代的中国知识分子,许多人都是从爱国主义走向理性上接受马克思主义和共产主义，从而投向中国共产党的怀抱的。郑道传也是其中的一个。他争取入党，并不是因为分到土地，或者因为党给了他什么私人利益，因感恩而争取入党，而是在理性上认识了马克思主义的真理性，实现共产主义的道路尽管漫长、曲折，但在中国共产党的领导下，这个伟大的理想一定是会实现的。他对马克思主义、共产主义信仰的坚定和执着，突出地表现在两个方面：一是在被错划为"右派"后，他没有丧失对中国共产党的信心，当得到改正后，为党能够自觉地纠正自己的错误而受到鼓舞，同时也增进了对革命道路曲折性的认识。二是在双目失明，已经百病缠身的79岁高龄的情况下，还把争取入党视为自己一生中未了的最后一件大事，因而不断地向党组织反映，不断地要求解决他的入党问题。我在与他谈话的过程中，对他的拳拳之心很有感受，这也推动着我帮助组织了解他，完成了他最后的心愿。

郑道传同志已经去世了，遵照他生前的遗愿，没有开追悼会。我知道他最爱听的是共产党员之间相互称呼的"同志"两字，所以我在这篇短文中，特地使用了"同志"两字。

郑道传教授、同志，人民将公正地评价你这样的一位知识分子！

郑道传:《我的一生》

一、我的童年和少年(1919年至1936年8月)

1919年农历三月,我出生于湖南衡阳一个店员的家庭。五岁从祖父学方块字,七岁进衡阳第五国民小学。九岁入黄氏私塾读"四书"、学珠算,准备继承父业当店员,因逃学,常遭老师鞭打,遂又弃私塾,改入陶淑小学。在陶淑小学,学习成绩优良,毕业前参加全县会考,名列第二,得到衡阳道南中学校长颜方珪的赏识,免费进入该校,勤奋学完初中三年的课程。

二、我的青年之一:长沙高级中学四年(1936年9月至1940年8月)

1936年秋,我考入湖南长沙高级中学,该校前身是毛主席的母校——湖南第一师范学校,我入学时还听到有关他的革命传说,使我第一次接受到共产党和共产主义的启蒙教育,但此时我的脑子里主要还是国民党、蒋介石的所谓"正统思想"。西安事变时,我还曾为蒋介石的"蒙难"而流泪。1937年参加湖南学生第三届集训结业时还集体填表参加"中华民族复兴社"。

"长高"自由学习的气氛很浓,有哲学会、文学会、生物学会等组织,由学生自由参加,自由讨论。我因参加文学会,结识该会会长杜迈之同学,他还是长沙学生救国会的会长。每逢星期天我就随他到校外听救国会主办的时事报告,报告人有邹韬奋、徐特立、范长江等人。报告内容十分精彩,使我了解了国内外许多新情况,不满足于在校"死读书"。当我和杜迈之在报上看到延安陕北公学公开招生的消息时,我俩通过救国会介绍前往武汉八路军办事处准备投考,没想到途中遭国民党军警的拦阻,勒令回原校接受"教育",从此我就被扣上"赤化学生"的帽子。

当时,湖南学生北上投奔延安的人很多,国民党军警不胜阻拦。新到任的省长张治中便决定全省高中和大学一律停课,学生分配到全省各县农村搞改良主义的"民训"工作,半年后再回校上课,我自然没有例外。

1938年底,国民党在抗日战争中节节败退,还制造了所谓"焦土政策"下的"长沙大火"。于是长沙各校学生纷纷逃回家乡,我也逃回衡阳老家。

我在衡阳先后参加民训宣传队、抗日自卫团、难民生活视导团及兵役宣查团等组织活动。在这些活动中,我亲眼看到国民党的种种腐败现象,如乡镇长欺压农民、买卖壮丁及贪污盛行等,使我对国民党统治大失信心。此外,我在这些活动中结识了许多青年,他们多是在北京参加"民族解放先锋队"的学生。我还认识了湖南难民生活视导团团长曹国枢,团员殷目炎、张媖等人,经他们介绍,我参加了"民族解放先锋队",并在衡阳《正中日报》上发表揭露"中华民族复兴社"的文章。

1939年秋,"长高"和其他省立中学组成临时中学,在湖南安化复课。我在失学半年之后,重返学校上课。因我已被视为"赤化学生",回校后又与萧焜焘同学组织以爱国为内容的学术研究会活动,引起校方关注。在一次学潮中,我竟被开除学籍。幸经汪淡华老师抗议,才改为"宣布开除,暂缓执行,留校察看",得以勉强读到毕业。

三、我的青年之二：厦大学生四年、毕业后留校工作一年半（1940 年 9 月至 1946 年 2 月）

1940 年秋，我参加统考后录取于在长汀的厦大中文系，攻读一年后转经济系。

我因投稿缘故，结识长汀《中南日报》总编赵天问，半年后方知彼此均为"民族解放先锋队"队员，他还是长汀地区的联络员。他开始向我布置工作，要我将厦大爱好文艺的同学组织起来，共同学习讨论，扩大影响。于是，厦大"笔会"和"诗与木刻社"便在 1942年秋组织起来了。

这时，我在"长高"结识的杜迈之已经升学至昆明的云南大学，并经常到西南联大听课，成为闻一多、潘光旦的学生；他还由"救国会"会员转为中国民主政团同盟的成员。当时昆明正发生"打倒孔祥熙运动"，杜迈之给我寄来关于揭露孔二小姐带洋狗坐飞机赴美国结婚和马寅初公布国民党四大家庭财产数字而被禁锢的资料。我征得赵天问同意，用大字书写，抄贴在厦大西膳厅，引起全校关注。此后，杜经常寄来昆明学联主编的《民主周刊》，使我得以了解西南学运的情况。

1944 年 6 月，我开始考虑毕业后的出路问题，赵天问建议我留厦大工作。当时厦大图书馆有个西文编目股股长出缺，我请王梦鸥老师为我介绍。经他了解，厦大规定：凡股长以上职员都要参加国民党或三青团。我征求赵天问意见，他认为我在厦大搞"笔会"，有影响，在长汀文艺界也有影响。经请示上级，同意我以"民族解放先锋队"队员的身份参加厦大三青团去发挥作用。

1945 年底，全国因"旅顺大连问题"发生"反苏运动"，昆明的《民主周刊》则告知西南联大学生反对"反苏游行"。当厦大三青团召开座谈会讨论"旅大事件"时，王亚南老师发言，认为苏联是社会主义国家，不会侵略中国，目前暂不交还旅大，是为了避免内战，促进和谈。我将王亚南老师的观点写成短文，交赵天问在《中南日报》发表，结果引起长汀国民党县党部的追查。厦大图书馆主任陈贵生得此消息，担心国民党特务会对我下毒手，要我赶快离开厦大。恰好当时国立海疆学校要聘我任讲师，我立即应聘。行前，我向亚南师辞行，他本要调我任经济系助教，现仓促离开，他嘱我好自为之，并赠我一本他的新著《中国经济原论》。

四、我的青年之三：国立海疆学校讲师一年（1946 年 2 月至 1947 年 2 月）

我到海疆学校时，该校尚未建立三青团组织。不久，报纸刊登"并团入党"的通知，我不予理睬，拒绝登记。我与三青团的关系就此结束。

我在海疆学校主讲以马克思《资本论》为指导的经济学，以列宁《帝国主义论》为指导的殖民史，并在该校学报和厦门《江声报》发表一系列关于殖民地问题的文章，支持进步学生的民主爱国活动。

1946 年 7 月，昆明发生震惊全国的"李闻事件"，我利用杜迈之寄来的《民主周刊》材料，在《江声报》撰文抗议国民党杀害民主人士，引发海疆学校国民党特务王震武对我蠢蠢欲动。进步学生郑梦周（后成长为新加坡著名作家，笔名姚紫）通知我赶快离校，免遭迫害。我随即前往厦大找亚南师商榷，亚南师立即电告福建省研究院社会科学研究所所长章振乾，安排我前往该所工作。

五、我的青年之四:福建省研究院社会科学研究所助理研究员、副研究员三年多(1947年2月至1950年5月)

1947年2月,我进入省研究院社科所后任经济组助理研究员,研究东南亚经济与华侨问题。我的老友杜迈之因"李闻事件"被迫离开昆明前来福州,也与我在同所工作。这时他已是民盟中央候补委员。

1947年底,民盟被迫宣布解散,并转入地下。沈钧儒等在香港宣布另组新的民盟,公开宣布接受中共领导。1948年9月,杜迈之介绍我正式参加民盟,我随即参加组织福州市省立四院校罢教斗争、营救王亚南脱险等活动。

1949年3月,社科所住在市区的成员暂借省图书馆办公,我得以结识该馆馆员罗汝风。罗汝风是中共福州市地下组织成员,经常给我送来地下组织刊物《小火星》,还送来《新民主主义论》,从此我就和他建立了外围关系。

1949年夏,我的专著《殖民地问题》在上海中华书局出版,福建省研究院职称评委会破格晋升我为副研究员。

1949年8月17日福州解放,我即随社科所参加福建省农委主办的土改前农村调查,兼任福建学院、福建师专、华南女子学院和英华中学等校政治课教师,还出席福建省首届农民协会和福州市首届政协会议。

六、我的青年之五:新中国成立初期厦大讲师、副教授七年半(1950年5月至1958年1月)

1950年5月,我与社科所同志们一道调入厦大,我负责主持全校政治大课工作,先后主讲"社会发展史""新民主主义论""中国革命史"等课程,编制在政法系。王亚南校长考虑到为便于开展工作,要求我与张来仪等人自动从副教授降为讲师。1952年经济系复办时,我调任经济系副系主任,随即再升为副教授,主讲"政治经济学""外国经济史""政治经济学教学法""指导学生毕业实践"等课程。

1954年,我代表厦大前往北京参加全国财经教育会议和中国人民大学校庆活动,并与中国人民大学教师交流学习苏联教改经验。返校后,在厦大党委领导下,全面推广学习苏联的教改经验。

此时,经济系改为大经济系,将会计、统计、财经、外贸和原经济系分别组成教研组,合并归经济系领导。我仍任大经济系第一副主任。除系内教学、行政工作外,还兼任校内南洋研究所秘书、研究部编译科科长、民盟厦大总支宣传委员、校工会宣传部部长等职;并在校外兼任中共厦门市委宣传部举办的政治学习班教师、解放军军官政治学习班教师等职,而且我应三家出版社之约,写出《考茨基"超帝国主义论"批判》《殖民体系的瓦解》《帝国主义国家的历史特点》等三部专著,工作热情十分高涨。

1956年1月,我继1953年在共产主义学习班申请入党之后,再次申请入党。同年8月,再次参加共产主义学习班,并在党委、统战部部长范公荣的培养下,写了建党对象调查表。不料,1957年开始,我陷入了不幸的政治困境,此后历经二十年的艰难岁月。

七、我的老年:哲学系副教授、教授(1980年后)

1980年2月,我在校党委书记曾鸣、哲学系主任邹永贤及统战部秘书赵松年等同志的支持下,调往哲学系复职,重登讲坛,开出新课"《资本论》逻辑",招收三届研究生,写出新著《〈资本论〉方法论研究》(延期实现了王亚南老师1966年对我的重托)。我还多次应邀前往解放军南京政治学院和东南大学哲学系讲学,多次参加全国《资本论》学术讨论会及哲学讨论会,又应邀前往黎明大学、泉州师专、厦门体育学院及厦门多所中学做形势报告,并到泉、厦两地监狱做"光明之路"报告,教育失足青少年,等等。

党和国家肯定了我的这些工作,1986年给我办了离休待遇;1988年给我补评教授职称;1989年获全国"老有所为精英奖";1990年获福建省"残疾人先进个人"荣誉称号;1991年获全国"自强模范"荣誉称号,晋京领奖时受到党和国家领导人亲切接见;同年底,被派往福建沿海十县市做"自强巡回报告",受到各地领导班子及群众的热烈欢迎;1993年起享受国务院颁发的突出贡献特殊津贴;1997年起终身享受厦门市对省、部级劳模的荣誉津贴。

1980年我到哲学系任教时,向系领导提出我在20世纪50年代就可能解决的入党问题,系里同意并为我办理各种手续,还向校党委提出申请。不幸在1985年校党委常委一次会议上,遭到个别人士的误解,致使我的愿望拖延十年之久未能解决。直到1996年我听到校离休总支关于落实老干部政治待遇中也要解决其组织问题的消息,特再提出我的入党要求。哲学系总支再次为我办理各种手续,并向党委提出申请,1997年1月为我送来建党对象调查表。此刻我的追求与期待一如既往,正如我在1980年写的一首诗:

　　　　一往情深数十年,"牛栏"含冤志更坚。

　　　　而今迈步从头越,但愿生入玉门关。

1997 年 6 月

郑道传:《我以我血荐轩辕》

　　我是一个《资本论》的信徒,长期从事相关教学和研究工作,并愿使自己成为敲响资产阶级丧钟的无名战士。但在大家都知道的不幸的历史年代,我两次被无辜"戴帽",双目两度失明,并被宣判"永远不许搞《资本论》教研工作"。尽管我在双目失明以后,仍坚持其他课程,有关方面还书面总结我的教学经验,但在极左的路线下,又先后用"暂列编外""强迫退休"等方式,使我在53岁的有为之年,变成了居委会的一个无业居民。但历史是最公正的裁判,一切暂时被颠倒的是非被重新摆正了过来。在党的十一届三中全会和十二大的阳光照耀下,我虽双目失明,但终于扶着拐杖,重新登上了讲坛。几年来,我在厦大哲学系招收《资本论》方法论方向研究生、开出新课"《资本论》逻辑"、指导本科生毕业论文、培养青年教师讲解《资本论》原理等。当时该系亟须开"《资本论》方法论"新课,但这门课程难度较大,国内其他大学也很少有人开出。首先,要研究《资本论》方法论,需懂得黑格尔的《逻辑学》。因为马克思把黑格尔《逻辑学》中有价值的东西进行唯物主义的改造,用于创立《资本论》逻辑,因此列宁说:"不钻研和不理解黑格尔的全部逻辑学,就不能完全理解马克思的《资本论》。"而黑格尔的书又比较艰涩难读。其次是由于边缘科学的迅速发展,出现了新的一般科学方法,如"三论"——信息论、控制论与系统论。"三论"的研究者都把马克思作为系统论的创始人,国外当今对《资本论》方法论的研究已经联系到"三论",特别是系统论。我国钱学森同志也以自然科学家的角度发表了很多有价值的见解,尤其是最近提出"思维科学的光荣任务",要用思维科学总结技术革命的经验。这个光荣任务需要自然科学家与社会科学家建立联盟才能完成。其中研究

《资本论》逻辑系统就成为一个较急迫的任务,并面临更严峻的考验。这是《资本论》方法论的又一个难度。有人以为搞《资本论》方法论是搞脱离实际的纯理论,其实这是误解。列宁早就说过:"虽说马克思没有遗留下'逻辑',但他遗留下《资本论》的逻辑,应当充分地利用这种逻辑来解决这一问题。"例如,我们今天为什么要进行体制改革,以及怎样进行体制改革等问题,就与这门科学有密切的关系。

我虽命薄如纸,但却心比天高,双目失明了,还要从事如此困难的研究课题,岂非"妙想天开"? 但我认为只要有了"妙想",便能"天开"。首先是"妙想"如何克服读和写的困难。感谢厦大哲学系同志为我创造了许多有利条件:懂得俄文的同志给我送来有关系统论的译文资料,一位年轻的助手为我灌制了有关逻辑学和系统论的录音带……这样,耳朵代替了眼睛,头脑成为体内的录音带。我一次又一次地听,一层又一层地联想,终于掌握了这方面新的信息。当我听得耳朵发痛时就停下来想,想得头脑发痛时就打太极,逐渐养成一套新的读书习惯。接着是解决写的问题。一个是把想好的问题自灌录音带,练习出口成章。另一个方法是用一支特制的粗炭笔,在一张折成八行的纸上,每行约写十字,用保尔·柯察金的办法,逐行摸写,初稿写成,交给助手整理加工。由于失明前长期养成的手写习惯,我觉得这样"笨写",更能集中思想,便于思索。最后,最困难的还是如何提高自己的逻辑学、系统论的水平和如何把这方面的知识与《资本论》结合起来。除自学外,我一方面坚持旁听系内和外来的专家所开的有关课程并向他们请教;另一方面利用自己熟悉《资本论》的优势,经常结合学习到的新知识进行联想。这样,就在我的脑中形成一个粗的系统架子,不断地"吐故纳新",形成讲稿,讲课后再征求学生意见,然后定稿。

对研究生的培养,我首先要求他们明确两个问题:一是搞通

《资本论》的思维方法是搞好思维科学的关键,因为思维科学在迎接新技术革命中有着极其光荣的任务;二是要他们特别注意黑格尔《逻辑学》和一般系统论在《资本论》方法论中的位置,告诉他们系统论可以纳入辩证法这一大系统中,作为它的一个要素,而不是用系统论去代替辩证法。同时,教书不忘教人。我把研究生视为自己的后辈,对他们全面关心,把他们的政治表观、生活作风、日常生活和婚姻家庭等具体问题也都一一管起来,这样我们师生关系就很融洽,思想认识和学术观点都坦率提出,共同讨论。另外,还对两名研究生的研究重点进行分工,一人以逻辑学为主,一人以系统论为主,分别收集资料,整理有关论点,做好毕业论文的准备,也为"《资本论》方法论"这门课的教学与研究水平的进一步提高打下基础。

每次外出参加学术会议和讲学,对我而言都是很好的学习机会,我在精神上都受到莫大的鼓舞。1983 年 3 月在为纪念马克思逝世 100 周年而举行的全国《资本论》学术讨论会上,我代表方法论小组在大会上发言。我发言后,经济学家千家驹同志马上前来握手祝贺;与会期间,我尚未与《〈资本论〉哲学与现时代》一书的译者沈真同志见过面,但她返回北京后就寄赠她的译作给我参考。1983 年 11 月,我赴南京做短期讲学,解放军南京政治学院同志热情接待,老红军干部、教育长滕云起同志到场迎送,事后还给厦大党委寄来一封热情洋溢的感谢信。有些我并不相识的远在东北和北京的《资本论》研究生还带着他们的论文前来厦门向我征求意见。现在,我不仅有做不完的工作,而且有上不完的讲坛。当然,我清醒地认识到这不是说明我的学术水平高,而是一个爱国的盲人知识分子对马克思主义,对党的十一届三中全会路线表达的激情所引起的反响。

有人问我:"你老郑所受的迫害这么重,眼睛都看不见了,为何自讨苦吃,要搞《资本论》方法论这么困难的课题?"我说是马克思教我搞的,他把敲资产阶级丧钟的真理教给我,我相信这个真理一定会在全世界实现。马克思还把研究和叙述这个真理的方法教给我,这个方法就是《资本论》逻辑。马克思还把追求真理的态度教给我,"在科学的入口处,正像在地狱的入口处一样",只有不怕进"地狱"才能获得真理性的认识。经历了那段不幸的日子,我们确实看到"地狱"的种种痛苦。有人问我感受到的最大痛苦是什么。我说,双目失明是痛苦,青春消逝及不幸遭遇也是痛苦;然而最大的痛苦莫过于长期剥夺我宣传《资本论》的权利,甚至到20世纪80年代初还得不到落实。但后来,当我终于拄着拐杖重新登上讲坛的时候,我感到一切痛苦都已消失。我完全沉浸在幸福之中,全身充满着力量。正如歌德所说的:"既然痛苦是快乐的源泉,那又何必因痛苦而伤心。"我认为自己应该投入艰苦的工作中,去迎接最大的快乐。

我清楚地知道,我的幸福来自党的十一届三中全会。十一届三中全会标志着党更加成熟,更加光荣、伟大、正确。首先它恢复并发展了正确的思想路线,那就是一切从实际出发,理论联系实际,实事求是,在实践中检验真理和发展真理。邓小平同志提出,应该完整地准确地理解毛泽东思想的科学体系,这是对马克思"《资本论》是一个艺术的整体"思想的创造性发展。其他有关会议的报告和各位中央领导同志在各地视察时发表的意见都贯彻了这条思想路线的精神,一扫过去那种"本本主义"的恶习。这就为思维科学的研究提供了良好的条件,也使得思维科学工作者得到更大的教育和鼓舞。

我是《资本论》研究队伍中的普通士兵,而且是伤后重上战线的伤员。我自知剩下的日子不多,但"抓住现在就是永恒",我要把时间分成分秒计算,争分夺秒;我将在教学和科研工作中,在劳动和献身中,得到永恒。

回首往事,劫磨赢得考验;瞻望前途,永恒产生力量。我曾写过一首《重登讲坛感怀》,在这里献给大家,也作为今天讲话的结束语:

良辰美景艳阳天,老牛归来再耕田。
莠草务除恶方尽,香花须护蜜始甜。
天山传奇成往事,大地燕归谱新篇。
喜闻革新传佳话,我以我血荐轩辕。

1984 年 11 月

后　记

在失明中，我们看到了什么

　　2020 年 5 月的一天，我突然接到陈仲义教授的电话，他新谈成一个口述史项目，问我是否有意愿接手。原来，他与厦门大学退休教授郑启五老师多次联系，并上门拜访洽谈，准备为郑老师已故的父亲郑道传教授做一本口述史。同时，陈教授还把郑老师为其父母编的两本书给了我，分别是《热血与坚忍——郑道传纪念文集》和《渐行渐远的背影——纪念陈兆璋教授》，让我一睹为快。

　　经过一个月的阅读和上网查阅相关资料，郑道传夫妇的传奇人生在我脑海里形成了一个初步印象，我决定接手做这本口述史。6 月 5 日，我和郑启五老师建立了微信联系。4 天后，我收到了他寄来的书，包括他父母的和他自己的，有十来本之多。

　　又是一个月的阅读，郑道传夫妇的形象在我的心中变得更为立体和高大起来。尤其是通过对他们论文的阅读，我深深地为这对教授伉俪的学术水平所折服。郑道传是厦大哲学系教授，一生研究《资本论》的逻辑范畴，高深而晦涩；陈兆璋是厦大历史系教授，一生研究西欧中世纪历史，邈远而幽邃。用现在的眼光来看，他们发表的论文都不算多，但是每一篇都有着沉甸甸的分量。

　　比如，郑道传在《试论〈资本论〉的逻辑与历史一致性原则》一文中，以辩证唯物法为指导，从系统的过程和结构这一角度，考察

《资本论》的逻辑与其对象的历史关系。该论文逻辑能力非常强大，语言极其洗练，每一句甚至每一个词都让人思之再三。《论英国封建制度的完备性、不完备性与资本主义的起飞》一文则为陈兆璋赢得国内同行的高度评价。她认为，英国资本主义的顺利起飞，既得益于封建社会的完备性，又得益于封建社会的不完备性。这彻底颠覆了当时学术界对英国封建主义完备性的两极看法：要么认为英国封建主义很完备，要么认为很不完备。论文最后，有一段话令人击节："这在逻辑上类似马克思对德国资本主义发展历史的评述：德国既吃资本主义发达的苦，又吃资本主义不发达的苦。不同的是，德国历史吃过资本主义的苦头，而英国资本主义的产生，吃的却是封建主义的甜头。"如此明晰平白的语言，却有着巨大的逻辑穿透能力，举重若轻，陈兆璋教授真不愧是当年长汀厦大征文比赛第一名的文学高手。

我似乎突然明白了，表面看，他们的学术研究领域风马牛不相及；但实质上，他们一个是从历史的角度致力于解释资本主义的诞生，一个是从哲学角度致力于解释资本主义的衰落。而且他们凭着深厚的学术功底，都做到了各自领域的翘楚。可是，就是如此富有才华的一对教授夫妇，却出于历史的原因，不但没有很好地施展自己的才华，反而历尽坎坷，虚掷无数时光。

我暗下决心，一定要做好这本口述史，为历史留下一鳞半爪。

7月初，我初步拟出了口述大纲，并将书名定为《失明的教授——我的父亲郑道传》。大纲分为四个部分："湖湘与八闽：我的父系母系家族""求学与求真：挥斥方道的青年时代""折戟沉沙——岁月难回首""而今迈步从头越"。我把大纲发给郑启五老师，他回我说："很好，很认真，你辛苦了。"我长出一口气，大纲得到了认可，接下来就可以动工了。

但实际上，当我第一次见到郑启五老师本人，并坐在他父亲书房里开始第一次访谈时，离拟出大纲已经过去了整整一年。这中间既有疫情持续干扰的原因，也有我教学任务繁重，时间碎片化难以整合的原因。

2021年暑假，我决定无论如何不能再拖延了。

记得第一次去访谈，由于疫情管控，我被保安卡在厦大西门，只好麻烦郑老师出来接我。没想到初次见面，我们居然有老友重逢之感。这样，就省去了我计划中的热身磨合环节，首次访谈便直奔口述主题而去。

郑老师虽然在学术领域不及他的父母影响之大，但其社会知名度可能超过他父母。这一方面可能是源于他长年的写作，退休以后依然笔耕不辍；另一方面可能源于他的不谙世故、放言无忌。社会上屡有关于他的奇闻逸事。

我们约好每周访谈一次，每次两个小时左右。访谈地点就在他父母生前住过的房子里，和郑老师自己的住房同属一栋楼，至今还空着，摆设一仍其旧。郑老师多次伤感地说起，他常常一个人来父母的房子里，一坐就是半天，感觉父母还没有离去。

郑老师作家出身，我丝毫不怀疑他的口头叙事能力。但是，也正因为他磅礴奔放、横溢斜出的叙事才华，访谈常常如脱缰的野马，超出我的掌控。所以几次下来之后，我彻底放弃了按图索骥的访谈安排。我同意他可以"信马由缰"，我后面再"移花接木"。

关于他父母的家族和长汀厦大读书经历，作为转述，难以言尽其详，自是憾事。但一进入他的亲历、耳闻目睹，特别是父亲的"右派"经历，郑老师便滔滔不绝。"右派"身份和失明，彻底毁掉了他父亲本可以大放异彩的人生。郑老师打破时间线索，但又始终围绕这两个关键词的叙述，引领我们不断重回那段不堪的岁月，也带给未来持续不断的警示。我想，这不正是我们做口述史的初衷吗？

最后一次给郑老师做访谈的时候，他突然提议，是否让他的哥哥也参与进来口述,这样兄弟两个的视角可以形成有趣的交叉和互补。我欣然应允。其实,我原本的计划中也是有这个设计的。郑老师的哥哥郑启平,厦门一中知名语文教师,同时也是一位作家。说起来,他们两兄弟加父母,都是十足的文人,可以组成一个文学社团了。

2021年整个暑假,我沉浸在郑道传夫妇的厦大岁月中。

但对于这本口述史来说,这还只是万里长征第一步。面对这些由口述实录整理出来的文字初稿,我常常会产生眩晕的感觉:"这些摇摇晃晃的文字、颠三倒四的顺序,我该从何处收拾呢?"记得许多个夜晚,我坐在电脑面前激情满怀,结果常常黯然关机。最后,拯救我的还是暑假。

2022年暑假,我终于有了大把时间处理此项工作。再说,陈教授一再催促我们年底交稿的压力也变成了我加快工作进度的强劲动力。

陆象山一生治学精髓在于"先立乎其大者",他找到了"本心"这一"大者",也即超验道德的本体,从而建立其"心学"大厦。我恍惚间明朗起来,我的"大者"不就是我最初拟定的口述大纲吗?纲举则目张,天地间何曾逃出一个"天理"?

我拿出我的大纲,开始对这些文字发出"一级动员令"。通过我的一番"乾坤大挪移",强行让它们各归其位。然后,再对这些文字进行各种安抚、调解,甚至强制阐释。于是,一个新的世界秩序逐渐在我的文稿里形成了。

世界本无秩序,但有着高级文明的人类,绝对无法忍受无意义、无秩序的世界。于是,人赋予这个世界和人生以意义,这就是建构的快乐。

口述史,和独立写作完全是两个世界。独立写作,作者时时刻刻在赋予他笔下文字以意义和秩序。而口述史,作为口述片段,当然也时时刻刻被口述者赋予意义；但口述片段堆在一起的时候，就会出现"熵增现象"，导致秩序和意义的瓦解。

当然，口述史意义的建构绝对不是凌空蹈虚，它必须建立在前期大量文献阅读和田野调查基础之上。这一点，我要再次感谢郑启五老师为我提供了大量文字资料和图片资料。另外，对口述现场的细节把握也是口述整理者非常重要的功夫。这往往是那些文献资料所无法提供的。我在郑启五老师的口述中，经常会为他那些动情的神情和语气所打动，从而拉近我与那段历史的距离。

刘勰在《文心雕龙》中说："伊挚不能言鼎，轮扁不能语斤。"诚然，口述者口述出来的文字固然重要，但文字之外的东西，包括那些现场的表情、语气和欲言又止的东西，我觉得更为重要。那是真正的精髓，是伊挚和轮扁所不能言的东西。虽然口述整理者无法在书稿里面呈现这些东西，但它会成为整理者建构书稿秩序、赋予书稿意义的重要指南。

语言是有局限的，文字更是有局限的，但正是凭着这些充满局限的语言文字，我们才能逐渐认识这个世界的一隅。这本书，就是这样带着各种局限跌跌撞撞来到这个世界的。

本来，后记初稿在 2023 年初就写好了，也准备交稿了，但由于出版周期推迟，这反而给了我更多的修改时间。之后，我又通过补充采访和阅读郑启五老师在微信公众号上发表的相关文章，多次进行删补。最终，定稿比初稿充实了许多，逻辑也更为统一。

当然，再绵延的时间也会截止，再丰富的内容也需要割爱。关于郑道传这位失明教授的传奇故事，我们就暂时休止在这个夏天吧。

章长城

2024 年 6 月